決算書でわかる

"伸びる会社"と "あぶない会社"の 見分け方

赤松 育子 著
IKUKO AKAMATSU

はじめに

■かなり大きなギャップがある

　「ビジネスパーソンにとって、会計の知識は必須！よし、会計を学ぼう」と決心し、書店で本を何冊か買ってみた。でもなんだか難しくて結局読みきれなかった、とか。

　「初心者でもわかる会計」などというセミナーを受講してみたけれども、なんかいまひとつ腑に落ちなくて、「わかった！」という感じがもてなかった、とか。

　「よし、まず簿記から勉強してみよう！会計のスタートは簿記だ！」と発奮して、日商簿記3級を目指してみたけれども、しょっぱなから出てくるたくさんの専門用語（非日常的な異次元の言葉の数々！）につまずいてしまい、結局テキストの最初の10ページほどで挫折してしまった、とか…。

　そんな「もったいない」ことが往々にして起こります。

　せっかく「会計」や「財務」に、ほんの少しであっても興味を抱いたのに。せっかく意を決し「会計」という世界の扉をたたいたのに。

　どうしてこんなことが起こるのでしょう。

　答えは簡単。

　皆さん（おそらく会計の初心者の皆さん）の学びたいことと、世の中に出回っている「会計」の本やセミナーなどがミスマッチを起こしているのです。

　これは私が「社会人の方々向けの会計や財務」という分野の講義を担当するようになって痛切に感じたことでした。

> 皆さんが学びたいと思っていることと、世の中に出回っている本やセミナーなどとには、かなり大きなギャップがある

■わからない人はいつまでもわからない

　そしてもうひとつ日々の講義を通じて実感していること、それは「会計」や「財務」という専門分野では、会社での職位や職階が上だから「できる」とか、新人だから「できない」といったような単純な地図は描けず、どの年齢の人であっても「得意な人は得意、不得意な人は不得意」という構図になっているということです。

　ひとことでいってしまえば「新入社員の若者にはできても、取締役にはできない」ということが「ふつうに」起こる分野なのです。

　ですから、教育や人材育成に理解のある会社が"職階別"研修に「会計」や「財務」のコマを入れてくださっても、ミスマッチが起こります。なぜなら同じ職階には、経理や人事など管理部門の人もいれば、営業の人もいる。研究開発や技術系の人もいる。それぞれが仕事で必要としている「会計」や「財務」の知識は違うのに、同じメニューを提供しても受講者は満足できないのです。当然のことです。カレーライスが食べたいのに、チャーハンでは困るのです。

　…あ、そもそも。

　ある職階の人が全員受けるような"職階別"研修（新入社員研修、中堅社員研修、課長研修など）でロジカルシンキングだとかコーチングだとか部下育成のマネジメントとか、いろんなスキルや役割認識を学ぶことはあっても、「会計」や「財務」がそのなかに含まれていることは、現状ではまだあまりありません。「会計」や「財務」の研修は、学びたい人が学んでもいいよ的な任意研修として、別立てになっていることが多いのです。まだまだ、それが現状なのです。

> 「会計」は、職位・職階に関わらず、わかっている人はわかっているし、わかっていない人はわかっていない

はじめに

■公認会計士＋公認不正検査士の視点から「数字」をチェック

　これは仕方のないことです。

　「会計」とか「財務」とかいう分野は一見専門分野であるために、それまでの人生で関わりがあった人には近しい分野となりますし、ご縁のなかった方には全くもって意味不明な世界になってしまうのです。

　でもだんだん年をとってくると、「わからない」とはいいにくい。新入社員にできていることを「できない」とは、口が裂けてもいえない！

　そうなりますよね。当然です。社会人としてのプライドがありますから。

　だとしたら解決法はただひとつ、こっそり勉強してしまえばいいのです。そう、こっそり。

> 社会人として必要な知識だけを、こっそり学んでしまおう

■普段の講義内容を公開

　本書の読者の方は、公認会計士とか税理士とか、会計のプロフェッショナルを目指していらっしゃる方々では、おそらくないと思います。

　ふつうのビジネスパーソンが「人並みよりちょっと抜きん出るくらい」「ほんのちょっとリードできるくらい」でいいから、会計に少し強くなりたいなと思っていらっしゃる、そういう方々のためにお役に立てる本を書けたらいいなと思って執筆を始めました。

　これからお話する内容は、私が普段、社会人向けの「会計」や「財務」の講義で感じている、「ここをクリアすれば、大丈夫」というものばかりです。

　「これだけ」という知識をしっかり身に付けて、「わかった！」感で心を満たしてほしいと願っています。

もくじ

はじめに………… i

第1章 「会計」って何だろう　1

第1節　これからお話する「会計」という世界……………………… 2
第2節　会社とは ……………………………………………………… 8
第3節　会計とは ……………………………………………………… 19

第2章 超速・振り返り①　貸借対照表　23

第1節　貸借対照表の形……………………………………………… 24
第2節　貸借対照表とは……………………………………………… 33
第3節　1分で会社の良し悪しをつかむなら……………………… 43

第3章 超速・振り返り②　損益計算書　51

第1節　損益計算書の形……………………………………………… 52
第2節　損益計算書とは……………………………………………… 54
第3節　利益のもつ意味……………………………………………… 64

第4章 超速・振り返り③　キャッシュ・フロー計算書　71

第1節　損益計算書の限界とキャッシュ・フロー計算書の誕生 ……… 72
第2節　キャッシュ・フロー計算書の形…………………………… 78
第3節　キャッシュ・フロー計算書の読み方……………………… 83
　　　　あなたはキャッシュ・フロー計算書から何を読む？
　　　　〜キャッシュ・フロー計算書に隠された粉飾決算！

第5章 良い会社、伸びる会社とは　　87

- 第1節　良い会社って何だ？ ……………………………………… 88
- 第2節　決算書は過去の数値 ……………………………………… 101
- 第3節　株価と会社 ………………………………………………… 112
- 第4節　長生きする会社の決算書の特徴 ………………………… 120
  　　　　－長生きする会社って？
- 第5節　伸びる会社の違いを見極める5つのポイント ………… 123

第6章 "あぶない"という言葉のもつ意味　　127

- 第1節　そもそも「あぶない」とは何なのか …………………… 128
- 第2節　「あぶない会社チェックリスト」………………………… 130
- 第3節　会計士が「あぶない」と判断するとき ………………… 139
- 第4節　決算書の着目ポイント …………………………………… 150

第7章 「不正」の考察　　165

- 第1節　公認不正検査士という仕事 ……………………………… 166
- 第2節　会社における不正 ………………………………………… 168
- 第3節　内部統制と不正リスクマネジメント …………………… 185
- 第4節　不正が行われるとき ……………………………………… 190
- 第5節　どのように不正に立ち向かうか ………………………… 197

第8章 経営に会計を活かす　　207

- 第1節　もし自分が経営者だったら ……………………………… 208
- 第2節　もし自分が営業職だったら ……………………………… 220
- 第3節　もし自分が経理職だったら ……………………………… 226
- 第4節　数字のウラに人が見えるか ……………………………… 233

あとがき…………236
索　　引…………242

第1章

「会計」って何だろう

　本章では、「会計」や「会社」がどのように生まれてきたのかを、歴史的な話のなかから紐解いていきます。
　「会計」とは何か？「会社」とは何か？ そして「会社」とはいかなる存在か？ ということについて、簡単に振り返っていきます。

第1節
これからお話する「会計」という世界

「会計」とは何か

　実は「会計」とか「財務」とかいう言葉を使うとき、お互いイメージしている世界が違います。そのために、せっかく研修で「会計」や「財務」を学んだとしても、講師の話と自分の知りたいことがいまひとつずれていたり、興味が湧かなかったり、実務に活かせなかったりしてしまいます。
　ここでは「会計」という言葉を例にとって考えてみましょう。
　まず【大辞林　第3版】（三省堂発行）によれば、「会計」とは以下の定義になります。

かいけい【会計】
①代金の支払い。勘定。「お―をお願いします」
②個人や企業などの経済活動状況を，一定の計算方法で記録し，情報化すること。また，その方法・事務および係の者。
③経済状態。ふところ具合。

　私としては、①に「代金の支払い。勘定。」が出てきたことに少し驚きました。「会計」という言葉に対するイメージが、私の感覚とは少し異なっていたのです。もちろん納得のいくものですが。
　つぎに【デジタル大辞泉】（小学館）によると次のように定義されます。

第1章 「会計」って何だろう

> **かい−けい〔クワイ−〕【会計】**
> 1　代金の支払い。勘定。
> 2　金銭の収支や物品・不動産の増減など財産の変動、または損益の発生を貨幣単位によって記録・計算・整理し、管理および報告する行為。また、これに関する制度。

　やはりこちらも、①は「代金の支払い。勘定。」となっています。ということは、日常用語としての「会計」という言葉の意味は、①「代金の支払い。勘定。」ということであり、一般的に人が用いるときには、そのような意味を込めていることが多いのかもしれません。これはやはり、会計の専門家という特殊な世界で生きてきた私のほうが、世間から感覚がずれているのかもしれません。
　さらに調べてみると【世界大百科事典　第2版】(平凡社)では、以下の定義になります。

> **かいけい【会計 accounting】**
> 　個人または共通の目的をもった個人の集合体である組織の活動状況や現状を固有の記録・計算技術を用いて情報化し，これを関係者に伝達して利用せしめる活動をいう。会計が成立するためには，それについて会計が行われる主体(会計主体)，会計の行われる時間的区切り(会計期間)および数量化するための単位(貨幣単位)の三つの要件が必要である。つまり会計は，ある会計主体，たとえば家庭，国家，企業，団体などについて，その活動状況，ある時点における状態などを簿記とよばれる記録・計算の技術を用い，1年，6ヵ月，1月等一定の会計期間に区切って，貨幣価値的に記録し，計算する。

　なかなか難しい言葉が並んでいますが、これが私の考える「会計」という言葉の意味に一番近いものでした。

実はこれら「会計」という言葉の定義のなかには、いくつかの大切な論点が含まれています。すなわち、私は「会計」という言葉を以下のようにとらえます。

① 「組織の活動状況や現状を固有の記録・計算技術を用いて情報化し」

　私がこれから皆さんにお話しようとしている「会計」の話は、組織（会社）の活動を数字を使って記録するものです。

② 「関係者に伝達して利用せしめる活動」

　「会計」にはいくつかの種類がありますが、これから主としてお伝えしたい内容は、会社がステークホルダーといわれる利害関係者に対して、公開している情報です。

③ 「一定の会計期間に区切って，貨幣価値的に記録し」

　情報を伝達するにあたっては、継続的に続いている会社の活動を一定の期間に区切り、それをお金に換算して表現します。

ここでとても大切なことをひとつ忘れないでください。

> 「会計」はお金（数字）に換算して表現をしている

もう一歩ふみこんでいうならば、

> お金（数字）に換算できないことは、「会計」では表現できない

ということです。

❷ 「会計」は必ずしも難しいものではない

さてここで皆さんに質問です。

第1章 「会計」って何だろう

　普段皆さんはどのような意味を込めて「会計」という言葉を使っていますか？
　確かにレストランで食事をしてお金を払うことを「会計する」といいますよね。「チェックお願いします」とか、人さし指をクロスさせるしぐさをする人もいるでしょう。「会計」の意味を問われて、代金の支払いをイメージする人がいてもおかしくはありません。その一方で、会社が毎年作成する「決算書」をイメージした人もいたでしょうし、「経理部の仕事」をイメージする人もいるでしょう。

　そもそも言葉というものは、話す相手との共通部品とでもいいましょうか、お互いに意味を定めて使う、すなわち「○○という言葉はこういう意味で使いましょう」と約束をしているに過ぎません。
　例えば「ペン（pen）」とは、「ボールペンやサインペン、万年筆など、硬筆筆記用具のうちインクによって書くものの総称」です。もし人に「ペンを取って」と頼まれたならば、ボールペンやサインペンなどを取って渡すのが正解であり、「鉛筆」ではNGです。厳密にいえば「鉛筆」は「pencil」ですから違うのです。でも現実に、そんな細かいことをいう人はいないでしょうし、何かメモをとりたいときに「ペンを取って」と頼んで、鉛筆を渡されて怒る人などいないばずですよね。
　つまり、言葉というものは「こういう意味で使っていますよ」という約束事です。辞書に載っている意味そのものではなく、日常でどういう意味やイメージを込めているかによって変わってくるものだといえるのです。

　では「会計」という言葉に話を戻しましょう。
　「会計」という言葉に対して、例えば、ある人は経理部で行うような、経費伝票を切ったり、それをシステムに入力したり、給与の計算をしたり、また少しイレギュラーな取引に遭遇した場合には、その科目（費目）の妥当性を考えたり…といった仕事を想像したりします。
　またある人は、経営者が見ているような売上推移や、会社の戦略上重要な金

額を頭に思い浮かべているかもしれません。

　さて、一体どうしてこのような事態が起こるのでしょうか？その理由は簡単です。実は「会計」とか「財務」とかいう分野には、さまざまな立場の人が関わっているからなのです。
　会社の決算書（会社の1年間の成績表）をイメージしてみましょう。この決算書には、大きく分けて2通りの人が関わっているといえます。

① 決算書の数字を作る人＝経理部の人
② 決算書を活用する人＝経理部以外の人

　皆さんはもうわかりましたか？いまこの本を手に取ってくださっている方の大半は、決算書を「作る」人ではなくて「活用する」立場の人だと思います。もう少し噛み砕いていうならば、決算書を「読めれば」いい。作れなくてもいいのです。こう考えると会計を学ぶといっても気が楽になりますよね。
　そう、皆さんは決算書を読めればいいのです。作るのは数字に詳しい経理部の方々にお任せして、皆さんは読んで活用できればいい。大局的な観点から数字を鷲掴み（わしづかみ）にして、自分の仕事や意思決定に活かすことができればいいのです。

> 簿記ができなくても、決算書の数字が作れなくても、全く問題はない！
> 決算書を読んで活用できれば、それで十分！

第1章 「会計」って何だろう

コラム

公認会計士という職業を知っていますか？

　私は以前、監査法人というところで、公認会計士として仕事をしていました。公認会計士というのは「会計のプロフェッショナル」集団です。ですから皆、簿記はもちろん日商簿記1級をもっていますし、税務も原価計算も得意、さまざまな会計処理も実務指針に照らして非常に詳しくて…そんな人ばかりの集団でした。

　そのようななか、私は完全に落ちこぼれでした。そう、実は私、数字が好きではなかったのです。正直なところ、仕事がつまらない、おもしろくない、究極的には「監査」という仕事が自分の性に合わなかったのです（先輩方、ごめんなさい！）。

　だからこそ、「会計」を学ぶときにまず簿記を勉強してしまい、借方とか貸方とかいう言葉に惑わされ、いろんな勘定科目や会計処理の「決まりごと」にうんざりしている人の気持ちが本当によくわかります。自分がそうでしたから。

　その後、私は縁あって研修講師の仕事をするようになりました。そして一部の専門家（経理部を含む）以外の人に「会計」を教える際には、決算書を「作る」のではなく、「読むことができれば良い」というスタンスで研修を行うことがいかに重要かということを、より強く確信するにいたったのです。決算書の数字を作る経理部以外の人々は、決算書を読んで自らの意思決定に使えれば良いのです。

会社とは

 会社の成り立ち

「会社」と聞いて、どのようなものをイメージしますか？「人の集まり」「働く場所」「給料をもらう場所」？

では「会社」とはどのような目的で設立されるのでしょうか？今から少し想像をしてみてください。

> 時は「大航海時代」17世紀初頭のオランダです。あなたはオランダの商人という設定です。
>
> 東へ東へと海を渡ったそのまた向こうに、インドやスリランカ、インドネシアなどという国があるそうで…。どうもそこには香辛料（スパイス）といわれる素敵な宝物がたくさんあるらしいのです。
>
> 例えば黒胡椒とかクローブには高い防腐作用があるらしく、肉や魚を長期に保存できるらしい。またその香りは非常に神秘的で芳しく、病魔をも退治できるといわれている。
>
> 自分たちの国では決して手に入れることのない宝物！！
>
> そう、夜寝るときに、ふとベッドのなかで思いついたのです。
> 『この香辛料とやらを手に入れることができれば一攫千金の大もうけとなることは間違いなし。そうだ、私も一世一代のもうけに出ようではないか…。』

第1章 「会計」って何だろう

【Q】あなたはオランダ商人です。香辛料を求めて航海にでようと思い立ちました。さて一攫千金を狙って航海しようと思い立ったものの、あなたにとっては初めての経験、まだ何も準備ができていません。必要なもの（もしくは準備しておきたいこと）にはどのようなものがあるでしょうか?あなただったら、何をどれだけ準備しますか?思いつく限り、あげてみましょう。

　私が行っている研修でも、受講者の皆さんにこのような問いかけをしています。するといろいろ出てきます。「3人寄れば文殊の知恵」とは、まさにこのようなことをいうのだなあと感じる瞬間です。
　皆さんは下の絵を見てどのように感じるでしょうか。これらを抽象化してまとめてみると、実は「経営資源」になるのですね。「ヒト」「モノ」「カネ」そし

て例えば「時間」「情報」とでもいいましょうか。夢を実現する、すなわち事業を成し遂げるためには、「経営資源」が不可欠なのです。

> **事業を成すには、「経営資源」をそろえる必要がある**

それでは、もう少し中身を詳しく見てみましょう。まずは「ヒト」についてです。「ヒト」についてもいろいろな表現が飛び出します。

① 「仲間」

　　自分の夢に賛同してくれる人、一緒に夢を実現しようと協力してくれる人、夢を支えてくれる人などを意味していますね。何事もひとりでは成し得ない、特に今回は危険を顧みずに、いまだかつて行ったこともない見知らぬ国へと旅立とうとしているわけですから、余計に「仲間」を欲しいと思うのでしょう。

② 「お金を出してくれる人」

　　実はこれは、「出資者」を意味しています。自分の夢に賛同してくれて、お金だけを出してくれるだけでもかまわないのです。

　　また夢（事業）が大きくなればなるほど多くの金が必要になってきますから、小口であっても広く集めて大金にしたい。そうなると、「有限責任」という考え方が生まれるのです。まさしく現在の「株式会社」に通じる考え方なのですね。おもしろいものです。

③ 「船長」「通訳」「医者」など専門家。向かう先の「情報をもっている人」などという意見も飛び出したりします。

　　初めての航海です。いったん航海に出れば２ヶ月になるのか３ヶ月になるのか、いやはや半年、１年になるのか見当もつきません。当然のことながら、その道の専門家にいてほしいと思うものです。

「モノ」についてもおもしろいですね。

　「船が必要だよね」

「その船を造る材料もいるよね」
「船って自分では造れないでしょ。船を造ってくれる人募集しないとね」
「いざ出航となれば、当面の食料や水、着替えもいるね」
「病気になったときの薬もいるね」
「海図やコンパスがないと難破するよ」
「そもそも海図を読めるヒトがいないと困るね」
「海賊がいるから武器が必要だよ」

　ひとりの意見から芋づる式にどんどんと話がつながっていきます。そのようななか、「香辛料を交換してもらうために、何か宝をもっていかないといけないね」という意見も飛び出します。貨幣がありませんから、物々交換をするための価値あるものが必要なのです。

　時には、「ロマンが必要！」などという、まさしく夢のある言葉が飛び出すこともあります。純粋な「モノ」ではありませんが、何事も「大志」が必要なのかもしれません。

　このように話を進めてくるなかで、実は現在に通じる「株式会社」の原型が生まれ、「会計」という考え方が整備され、そして「損害保険」の考え方が生まれ、天文学や造船技術が発展してきたことに気付きます。

　ここでは次に「株式会社」について、少し解説をしておきましょう（「会計」については第3節にて詳述します）。

❷ 株式会社の誕生

「船を造るにしても何かものを揃えるにしても、まとまったお金が必要だよね。」
「うん、確かに。自分だけのお金では足りないなあ」
「何とかお金を集められないだろうか」…

　話し合いのなかで、必ずといっていいほどこのような発言が飛び出します。そこで私は再び受講者の皆さんに問いかけをします。

【Q】 それでは、ある程度まとまったお金を集めるにはどうしたらよいでしょう?

ここでもいろいろな発言が飛び出します。

① 「事業を始められる程度のまとまったお金をためる」

これはかなり時間がかかり、チャンスを逸してしまうかもしれません。

② 「親に借りる」「友人に借りる」

自分が友人の立場だったら、一攫千金を狙っている友人に大金を貸せるでしょうか?この方法では十分な資金を集められないかもしれませんね。

③ 「自分のプラン、アイデアに賛同してくれる人を募る」

自分のプランやアイデアをしっかりと説明し、そこに賛同してくれる人からお金を集める方法です。親兄弟、友人は数が限られているけれど、事業に賛同してくれる人が多ければ多いほど、大金を集められる可能性が出てきます。

さらに質問です。

【Q】 賛同者を募って資金を集めるためには、どのようなことを工夫すればよいでしょう?賛同する側の立場になって、考えてみましょう。

このように質問することによって、「有限責任」という考え方が導き出されます。

例えばあなたが、この「船を出して香辛料を手に入れる」という事業に賛同し10万円を出したとします。あなたは船の製作に関わるわけでもなく、一緒に船に乗り込むわけでもありません。10万円というお金だけを出したのです。その事業が成功すれば、出したお金(出資金といいます)の割合に応じて、もうけの分配を受けることができます。もし事業が失敗したとしても、出したお金である10万円以上の損をすることはありません。

このようにして多くの人から広く浅く、お金だけを集めることができるようになります。集めた出資金を「もとで」に事業が興され、もうかれば出資金に応じた富の分配があり、失敗したとしても出資金以上の痛手を負うことはありません。つまり、自分の持分(出資をした分、出資金)に応じた事業への参加

ができるのです。これが「有限責任」というものであり、「株式会社」の始まり
になります。

> 「有限責任」とは、出資に応じた責任を負うこと
> 「株式会社」は、「有限責任」を負う出資者が集まって、資金をだし合っ
> ている

３ 事業の継続性（ゴーイングコンサーン）

　このようにして「ひとつの航海、事業ごとに出資者を募り、お金を集めて事業をする」という仕組みができあがりました。船を作る人、その船に乗り込む人、事業に賛同して出資した分の責任しか負わない人、それぞれ立場が違ってかまわないのです。アイデアだけあってもお金がなくては事業を成立させることはできませんし、お金は出すけれど事業そのものには参加しない人がいてもいいのです。

　これは現在の株式会社の原型ともいえるものです。現在の株式会社は、その事業に賛同した人々が出資をし、その見返りとして株式を保有します。株主は自分が出資した持分に応じて、会社を所有しているといえるのです。

　現在の会社は、倒産や解散をしない限り、その事業を半永久的に継続することを前提として活動しています。これを「ゴーイングコンサーン」といいます。日本語に訳すと、「継続企業の公準」です。かつての大航海時代のように航海ごとに事業を清算するわけではなく、永続的に事業を行っているのです。

　そのため「会計期間」を定めて、この永続している事業に一定の区切りをつけて、会社の損益や財産の状況を把握する必要があるのです。会計期間に決まりはありませんが、通常は１年で決算を迎えます。日本の場合、会社の税金計算を制定している法人税法において「事業年度は１年」と定められていることに起因します。

このように、会社は営利（もうけ）を追求していくことを目的として設立されています。商品やサービスを売ることで利益を上げ、その利益が従業員や取引先企業に還元され、また税金を支払うことで社会にも還元されています。したがって会社の経済活動が活発になるほど、社会や国全体の活力もあがります。これが、企業が社会の一員として「社会的責任を負っている」といわれる所以です。

❹ 会社の種類と性質

　会社とは何でしょうか？どのような目的で設立されるのでしょうか？そもそも会社には、どのような種類があるのでしょうか？まず、会社の種類を考えてみましょう。

　日本の会社の種類としては、①株式会社、②合名会社、③合資会社、④合同会社の4つがあります。この日本における会社の仕組みを定めているのが会社法です（会社法2条1号）。

　①の株式会社では、持ち株数に応じて株主に議決権が与えられ、利益分配が行われます。一方②〜④は持分会社といわれますが、意思決定や利益分配の方法を定款で自由に定めることができます。なおここでいう定款とは、会社をはじめとする社団法人の目的や組織について定める根本規則のことをいいます。

　会社は営利を目的とする社団法人であり、会社の構成員（自然人である役員や出資者）とは別個の権利義務の帰属主体として法人格を有しています（会社法3条）。したがって営利を目的としない相互会社などは、ここでいう「会社」には含まれません。

　さらにもうひとつ。社員という言葉は、日常用語では会社の従業員を意味しますが、会社法上は社団法人の構成員（すなわち株主などの出資者）を意味し、会社の従業員という意味ではありません。特に株式会社では社員のことを株主ということを押さえておきましょう。

参考までに以上の4つの会社の特徴をまとめてみると、次のようになります。

	出資者の地位と責任	最高意思決定機関	重要業務の意思決定	業務執行
株式会社	(名称) 株主 (責任) 間接有限責任 　　　　出資の義務のみ 　　　　債権者への責任は負わない (人数) 1名以上 (持分譲渡) 原則自由 　　　　ただし定款にて株主総会の承認を求める旨を定めることが可能	株主総会決議	株主総会または取締役 (取締役会設置会社の場合は、取締役会)	取締役または代表取締役 (委員会等設置会社の場合は、執行役または代表執行役)
合名会社	(名称) 無限責任社員 (責任) 債権者に直接無限責任を負う (人数) 1名以上 (持分譲渡) 他の社員全員の承諾が必要	総社員の同意	社員の過半数 (業務を執行する社員が2名以上の場合、業務を執行する社員の過半数)	社員または業務を執行する社員
合資会社	(名称) 無限責任社員 　　　　有限責任社員 (責任) 無限責任社員は債権者に直接無限の責任を負う 　　　　有限責任社員は出資の価額を限度として債権者に直接責任を負う (人数) 無限責任社員と有限責任社員各1名以上 (持分譲渡) 他の社員全員の承諾が必要	総社員の同意 ただし業務を執行しない有限責任社員の持分譲渡の場合、業務を執行する社員全員の承諾が必要	社員の過半数 (業務を執行する社員が2名以上の場合、業務を執行する社員の過半数)	社員または業務を執行する社員
合同会社	(名称) 有限責任社員 (責任) 出資の価額を限度として債権者に直接責任を負う 　　　　ただし全額払込主義のため結果として間接有限責任 (人数) 1名以上 (持分譲渡) 他の社員全員の承諾が必要	総社員の同意 ただし業務を執行しない社員の持分の譲渡の場合、業務を執行する社員全員の承諾が必要	社員の過半数 (業務を執行する社員が2名以上の場合、業務を執行する社員の過半数)	社員または業務を執行する社員

本書では、株式会社を前提として話をします。なぜなら会社の種類が異なっても、会計の仕組みに関しては基本的に同じ考え方に基づいているからです。

> **コラム**
>
> ### 会社は誰のものか
>
> 「1つの航海、事業ごとに出資者を募り、お金を集めて事業をする」という仕組みの延長上に、現在の株式会社があります。株式会社の事業に賛同した人々が出資をし、その見返りとして株式を保有します。株主は自分が出資した持分に応じて、会社を所有しているのです。つまり、株式会社のオーナーは株主です。
>
> 株式会社の出資者である社員（株主）の地位を株式といいますが、株式は細分化されています（会社によっては億単位の数に分けられています）。そのため株式会社では1株あたりの出資額が少額となり、広く大衆から零細な資金を比較的容易に集めることができ、大規模な会社を作ることが可能です。そして社員の地位の大きさはその株主の個性などではなく、株式を何株保有しているかという客観的な持株数で決まります。すなわち誰が株式を取得したとしても、その者は取得した株式数に応じて平等に取り扱われますので、会社にとっては誰が株主となっても法的な差異はないということになります。
>
> ここで「所有と経営の分離」という言葉を覚えておきましょう。株式会社の株主も合名会社や合資会社の社員と同様に会社の実質的所有者ではありますが、会社経営の関与の仕方については、これらの会社とは違います。株式会社の株主は多数存在することが予定されており、日常的に会社経営に共同して関与することは物理的に不可能です（上場企業には数千万株もの株式を発行している会社が多数あります）。加えて一般の株主は、企業経営の意欲も能力も乏しいのが通常です。
>
> そこで会社法は、会社の業務執行は取締役に委ねて強い権限を与え、それに応じた責任を課しています。そして株主で構成される株主総会では、

会社に関する事項の決定について、一切を自ら決定することも、定款で取締役会を設置して基本的事項のみを決定することもできるようにしているのです。

このように株式会社では、会社の経営を株主から切り離して経営の専門家に委ねるという「所有と経営の分離」を制度化しています。

5 社会的責任

会社にはさまざまなステークホルダー（利害関係者）がいます。近年ではISO26000（社会的責任に関する国際規格）に代表されるように、持続可能な社会の発展に向けて、あらゆる組織が自らの社会的責任（ＳＲ：Social Responsibility）を認識し、その責任を果たすべきであるとの考え方が国際的に広まっています。とりわけ会社は、所得や雇用の創出など経済社会の発展になくてはならない存在であるとともに、社会や環境に与える影響が大きいことを認識し、「企業の社会的責任（ＣＳＲ：Corporate Social Responsibility)」を率先して果たす必要があると考えられています。

具体的にいえば、会社は、これまで以上に消費者の安全確保や環境に配慮した活動に取り組むなど、株主・投資家、消費者、取引先、従業員、地域社会をはじめとする会社を取り巻く幅広いステークホルダーとの対話を通じて、その期待に応え信頼を得るよう努めるべきであると考えられています。また企業グループとしての取り組みのみならず、サプライチェーン全体に社会的責任を踏まえた行動を促すことが必要です。さらには人権問題や貧困問題への関心の高まりを受けて、グローバルな視野をもってこれらの課題に対応することが重要なのです。

そこで今般「企業の社会的責任」を取り巻く最近の状況変化を踏まえ、会員企業の自主的取り組みをさらに推進するために、経団連では「企業行動憲章」を定めています。

企業行動憲章 ― 社会の信頼と共感を得るために ―

(社)日本経済団体連合会

　企業は、公正な競争を通じて付加価値を創出し、雇用を生み出すなど経済社会の発展を担うとともに、広く社会にとって有用な存在でなければならない。そのため企業は、次の10原則に基づき、国の内外において、人権を尊重し、関係法令、国際ルールおよびその精神を遵守しつつ、持続可能な社会の創造に向けて、高い倫理観をもって社会的責任を果たしていく。

1. 社会的に有用で安全な商品・サービスを開発、提供し、消費者・顧客の満足と信頼を獲得する。
2. 公正、透明、自由な競争ならびに適正な取引を行う。また、政治、行政との健全かつ正常な関係を保つ。
3. 株主はもとより、広く社会とのコミュニケーションを行い、企業情報を積極的かつ公正に開示する。また、個人情報・顧客情報をはじめとする各種情報の保護・管理を徹底する。
4. 従業員の多様性、人格、個性を尊重するとともに、安全で働きやすい環境を確保し、ゆとりと豊かさを実現する。
5. 環境問題への取り組みは人類共通の課題であり、企業の存在と活動に必須の要件として、主体的に行動する。
6. 「良き企業市民」として、積極的に社会貢献活動を行う。
7. 市民社会の秩序や安全に脅威を与える反社会的勢力および団体とは断固として対決し、関係遮断を徹底する。
8. 事業活動のグローバル化に対応し、各国・地域の法律の遵守、人権を含む各種の国際規範の尊重はもとより、文化や慣習、ステークホルダーの関心に配慮した経営を行い、当該国・地域の経済社会の発展に貢献する。
9. 経営トップは、本憲章の精神の実現が自らの役割であることを認識し、率先垂範の上、社内ならびにグループ企業にその徹底を図るとともに、取引先にも促す。また、社内外の声を常時把握し、実効ある社内体制を確立する。
10. 本憲章に反するような事態が発生したときには、経営トップ自らが問題解決にあたる姿勢を内外に明らかにし、原因究明、再発防止に努める。また、社会への迅速かつ的確な情報の公開と説明責任を遂行し、権限と責任を明確にした上、自らを含めて厳正な処分を行う。

以　上

　会社は中長期的に存続し、利益を生み出し続けることを期待されています。つまり、企業の社会的責任（CSR：Corporate Social Responsibility）とは、会社が社会的存在として最低限の法令遵守や利益貢献といった責任を果たすだけではなく、市民や地域、社会の顕在的・潜在的な要請に応え、より高次の社会貢献や配慮、情報公開や対話を自主的に行うべきであるということになります。

第1章 「会計」って何だろう

第3節
会計とは

1 会計の役割

　一攫千金を夢見て香辛料を追い求めていた大航海時代に、現在に通じる「株式会社」の仕組みができあがったという話をしました。そしてもうひとつ、同じ頃に「会計」という考え方が生まれました。とはいえ現在の「会計」とは少しだけ違います。まず絵に描いてみましょうか。

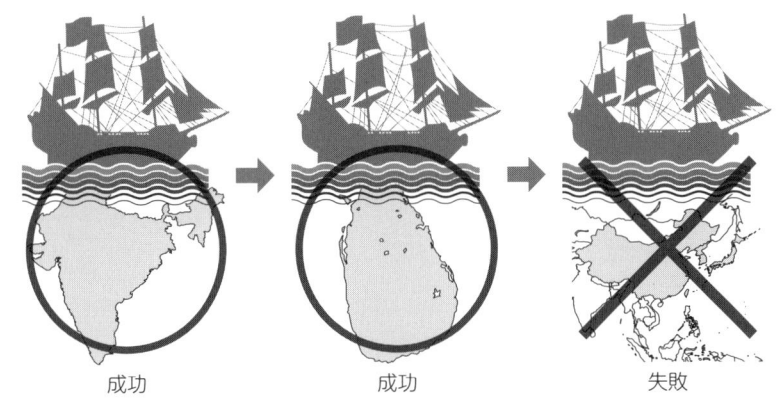

成功　　　　　　成功　　　　　　失敗

　船を造りインドやスリランカへと旅立って…。うまくいけば一攫千金の大もうけ。母港に戻ってきて、出資者にもうけを配分し自分たちも富を山分けです。一方、嵐に遭遇して難破してしまうこともあるでしょう。そうすればすべての財産を失ってしまうかもしれません。

　このように諸々を準備して旅立ち、そして戻ってくるまでにどのくらいの費用がかかったのか、結果としてもうけ（もしくは損失）はどのくらいだったのかを計算する必要が出てきます。これが「会計」の始まりです。

そして絵を見ると、航海ごとに事業が完結していることがわかるでしょうか？航海でもうけが出れば、それを配分しておしまい。失敗すれば、出資者は出資した分の損失を背負って解散。つまり航海ごとに清算し、いくらもうけたか、損したかがわかればいいのです。これは、現在の「会計」が「ゴーイングコンサーン」、すなわち、会社が永続・継続することを前提に話を進めているのとは大きく異なります。

❷ ゴーイングコンサーンと会計期間

　現在は、会社が永続・継続することを前提とします。「ゴーイングコンサーン」、会社はいつまでも続くわけですから、期間を区切るという考え方が必要になってきます。

　もし期間を区切らなければ、どうなるでしょうか？
　会社がもうけているのか・損しているのか？、健全な経営ができているのか否か？、将来どのような方向性に進もうとしているのか？…などなど、会社の状況を把握することができません。つまり期間を区切ることをしなければ、いつまで経っても会社の状況がわからないという事態に陥ってしまうのです。これは会社経営者が自身の状況を把握できないばかりか、会社に出資をする投資家にとっても、会社と取引をする得意先や仕入先にとっても、会社の状況が読めず、会社とどのように付き合えばいいのかわからないということを意味します。そしてさらに、実は税務当局にとっても非常に困ったことなのです。

　株式会社のような会社を「法人」といいますが、法人には法人税を納税する義務があります。法人税とは、法人税法の定めるところにより算出された各事業年度の所得（これを「課税所得」といいます）に一定の税率を乗じて計算されます。「法人」とは何か、「課税所得」とは何かについては、ここでは詳述いたしませんが、「事業年度」という考え方についてだけ、簡単にふれておきましょう。

③ 「事業年度」とは何か

　「事業年度」とは、法人の財産及び損益の計算の単位となる期間（これを「会計期間」「会計年度」といいます）のことであり、定款等によって定めをおきます。この期間が１年を超える場合は、当該期間をその開始の日以後１年ごとに区分した各期間をいいます。（法人税法第13条第１項）。

　すなわち法人は、一定の期間ごとに損益を決算によって確定し、これに基づいて、剰余金の配当等を行います。この損益を計算する期間を一般に「会計期間」または「会計年度」といいますが、法人税法では、このような会計期間やこれに準じた期間（以下「会計期間等」という）が法人の定款等や法令で定められているときには、これを「事業年度」とし、この期間ごとに課税所得を計算することとしています（法人税法第13条第１項）。

　このように、事業年度とは原則として法人の定めた会計期間等を意味しますが、その期間は１年以内とされており、法人税の取り扱いは、次のとおりです（法人税法第13条第１項～第４項）。

区　分	事　業　年　度
法令又は定款等に会計期間等の定めがある場合 （法13①）	法令又は定款等に定めた事業年度
法令又は定款等に会計期間等の定めがない場合 （法13②③④）	設立の日から２月以内に税務署長に届け出た事業年度
	届け出がないときは、税務署長が指定した期間
	人格のない社団等については、１月１日から12月31日までの期間
法令又は定款等に定めた会計期間等が１年を超える場合（法13①ただし書）	その開始の日以後１年ごとに区分した期間

　このように「１年」という期間で区切り、会社の財産や損益の状況を把握する必要があるとわかりました。これが現在の「会計」なのです。

コラム 日本の会計基準における目的は何だろう？

　日本の会計基準は、主として会社法、金融商品取引法、税法によって支えられています。

①会社法　：　主として債権者保護

②金融商品取引法　：　主として投資家（株主）保護

③税法　：　税金に関するルール、税務当局に対する情報提供

　債権者は利息と元本、投資家は配当、税務当局は税金というように、いずれも会社が獲得した利益を享受しています。会社が獲得した利益を享受するということは、ひとつのパイの奪い合いです。つまり、財務会計で計算される利益は税額計算と配当額計算の基礎であり、財務諸表の役割はステークホルダー間の利害調整にあるといえるでしょう。

第2章

超速・振り返り①
貸借対照表

　これから「会計」の話をする上で、どうしても押さえておいてほしい知識を駆け足で振り返っていきます。
　本章は貸借対照表について簡単に振り返りますので、細かいことにとらわれることなく、大事なことだけをイメージでつかんでください。

第1節
貸借対照表の形

1 家を買う

ちょっと想像してみてください。

【＠】もしあなたが家を買うとしたら、いくらの家を買いますか？その資金はどうしますか？

まず下図のような長方形を書いてください。

次に欲しい家の値段をイメージしてください。どの地域にどのくらいのサイズの家を購入するかによって随分金額が異なってきますが、実際に購入する可能性のありそうな家の金額を下図の①に記入してもらいます。

【例】4000万円の家を買うとしたら

次に、「もとで」となる自分の資金がどのくらいあるかを②に記入します。

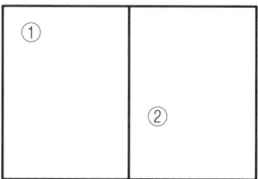

【例】「もとで」が1000万円だとしたら

(単位：万円)

そして最後に、足りない分はどうするかを考えます。普通は銀行から借ります。これを「借入金」といいます。先ほどの「もとで」とこの「借入金」の割合を考えて長方形を区切りながら「もとで」を②、「借入金」を③の位置に記入します。

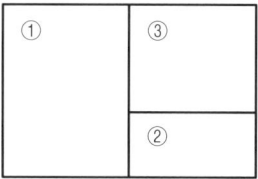

【例】「もとで」が1000万円なら、借入金は3000万円必要です。

(単位：万円)

①4000	③3000
	②1000

実はこれが「貸借対照表」のすべてです。「もとで」と「借入金」をもとに、

家を買った。すなわち、図の右側（②と③）が「お金をどこから調達してきたか」（資金の調達源泉）を示しており、図の左側（①）が「そのお金を使って、何を買ったか」（資金の使いみち）を示しています。

> 貸借対照表の右＝お金をどこから調達してきたか（資金調達）
> 貸借対照表の左＝お金を何に使ったか（資金運用）

形の違いに注目

さて、先ほどの絵（自分のお金と借入金とで家を買う）をもう一度思い出してください。

例えば、以下の図を見比べてみましょう。

（単位：万円）

Aさん
| 家 4000 | 借入金 3000 |
| | もとで 1000 |

Bさん
| 家 4000 | 借入金 1000 |
| | もとで 3000 |

【Q】AさんとBさん、あなただったら自分はどちらでありたいですか？

同じ4000万円の家を買う場合であっても、借金が3000万円のAさんと1000万円のBさんでは、これからの金利負担が随分違いますよね。自分の身に置き換えてみれば、背負う借金が大きければ大きいほど、返済が大変ですから生活も苦しくなり、気分的にも重いものとなるでしょう。

これが「自己資本比率」というものです。もとでが全体の何パーセントを占めているかを表します。詳細は本章の第3節で解説いたしますが、貸借対照表は3つのボックスで表現できること、またそのボックスの大きさや相対的な割合が意味をもっていることを覚えておいてください。

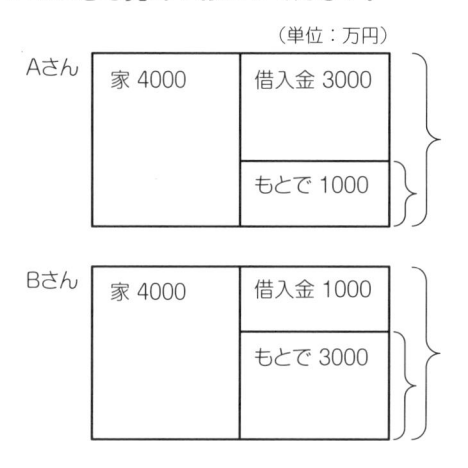

（単位：万円）

Aさん
| 家 4000 | 借入金 3000 |
| | もとで 1000 |

Bさん
| 家 4000 | 借入金 1000 |
| | もとで 3000 |

Aさんの自己資本比率　（1000/4000）×100＝25％
Bさんの自己資本比率　（3000/4000）×100＝75％

　借金が少なく、自分のお金でまかなっているという意味では、Bさんのほうがいいといえるかもしれませんね。

> **貸借対照表は、3つのボックスで表現できる**
> **そのボックスの大きさや相対的な割合が大切な意味をもっている**

　さあ、今度は個人でなく会社に置き換えて考えてみましょう。

【Q】A社とB社、どちらが"良い"会社でしょうか？

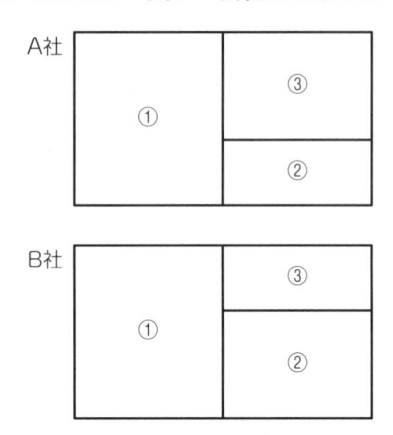

```
A社
┌─────────────┬─────────┐
│             │    ③    │
│      ①      ├─────────┤
│             │    ②    │
└─────────────┴─────────┘

B社
┌─────────────┬─────────┐
│             │    ③    │
│      ①      ├─────────┤
│             │    ②    │
└─────────────┴─────────┘
```

　実は非常に難しい質問です。なぜなら、そもそも"良い"とは何か？何をもって"良い"と定義するのか？という深い議論があるからです。

　「会計」という枠組みで考えても、一概にどちらが良いとはいえません。なぜなら、①財務健全性の観点からいえば、自己資本比率の高いB社のほうが望ましいですが、②戦略上、積極果敢に設備投資を行っているため借入れが多く、そのために自己資本比率が低くなっているのであればA社も評価できるからです。A社には銀行から借入をするだけの信用があるのです。

　もう少し言うならば、経営者が無借金経営を目指せば、当然自己資本比率は高くなります。その一方で、低金利を活用し明確なビジョンのもと積極的に借金をして設備投資を行い、事業を拡大していく経営者もいるでしょう。例えば成長期にあるA社が、将来のために積極果敢に投資をしているのであれば、この形は評価できますね。もちろん闇雲な借金を重ねては会社が迷走してしまいます。無計画な多角化や単に財務上苦しくて借金を重ねた結果、A社のような形になっているのであれば望ましくありません。また、そもそも電力や鉄道などのように設備を多く持つインフラ産業であれば、他の業種に比べて自己資本比率は低めになりますので、業種によっても特徴の現れるところです。

いずれにせよ、強気でいくか否か、どちらの道へ進むかは、経営者の心意気次第です。つまり経営者の目指すべき姿が決算書の数字に表れているのです。したがって「自己資本比率が高いから、いい会社だ」などと単純に考えてはいけません。このように貸借対照表の形には、経営者のビジョンだったり、会社の目指すべき方向性だったり、戦略そのものが現れているのです。

> 貸借対照表の形は、その会社の現在の姿（体つき）を表している
> イメージ的には1年に一度の健康診断、レントゲン写真を撮ってもらい、どのような身体のつくりになっているのかを見ている感じ

　世の中の会計の本では「自己資本比率は40％ぐらいが望ましい」などという記述があるように、自己資本比率などの経営指標については、目安となるような数値が記載されていることが多いです。すると会計初心者の方が陥ってしまいがちなワナは、「自己資本比率は40％がいいんだ！」と思い込んでしまうこと、つまり「40％を切ると、良くない会社だ！」と考えてしまうように、40という数字がマジックナンバーとして一人歩きしてしまうことです。

　そもそも、ここでいう「40」とはいったいどこからきた数字なのでしょうか。これはいうまでもなく全業種の平均値です。
　業種によって、目指す戦略によって、また新しい会社か伝統的な会社かによっても、それぞれ貸借対照表の形は違います。平均値とは、本来形が異なる貸借対照表の中央の値を求めているだけで、本来あまり意味のある数字ではないということがおわかりいただけるでしょうか。

　ではどうすればいいのでしょう？「自己資本比率」というものを例にとるならば、平均値としては一般的に40％という数値があるということを知った上で、次のように考えます。

①過去からどういう傾向（趨勢）を描いているか、期別比較の視点をもつ
②同業他社と比較して、どうなのか？という視点をもつ
③なぜその値になっているのか、数字の根拠を探るようにする（納得のいく理由がつくかどうか）

〈経営指標といわれる比率を検討するときのコツ〉
　①期別比較の視点をもつこと
　②同業他社と比較する視点をもつこと
　③求められた数値の根拠を考えるクセをつけること

３　決算書を見てみよう

ではここで、実際のスターバックス コーヒー ジャパン 株式会社の決算書を見てみましょう。

スターバックス コーヒー ジャパン（株）
貸借対照表

（単位　百万円）　　　　　　　　　　　　　　　　　2014年3月期決算

流動資産	31,779	流動負債	19,917
現預金	18,131	買掛金	2,819
売掛金	4,329	未払金	4,466
棚卸資産	2,258	未払費用	4,118
その他	7,080	前受金	4,544
固定資産	39,737	その他	3,966
有形固定資産	16,702	固定負債	4,843
無形固定資産	1,272	**負債合計**	**24,760**
差入保証金	17,362	資本金	8,548
その他	4,399	資本剰余金	11,123
総資産	**71,537**	利益剰余金	26,876
		評価・換算差額等	228
		純資産合計	**46,777**

早速、自己資本比率を計算してみます。必要なところだけに注目できるでしょうか？

（純資産合計（46,777）/ 総資産（71,537））× 100 ≒ 65.38％

先ほどの家を買う事例を思い出してください。貸借対照表は３つのボックスで表現できましたね。自己資本比率とは、調達したお金のうち、自分のもとでがどのくらいの割合になっているかを見るものです。細かい数字に惑わされることなく、貸借対照表を大きな３つのボックスに区切って、割合を計算できましたか？

〈貸借対照表は３つのボックス〉
決算書は必要なところだけに注目して、経営指標の計算ができるようになろう

同様に比較の対象として、タリーズコーヒージャパン株式会社を傘下にもつ、株式会社伊藤園の自己資本比率（2014年４月期）を計算してみました。
（純資産合計（120,509）／総資産（258,820））×100 ≒ 46.56％

スターバックスと伊藤園では自己資本比率が20％ほど違います。なぜでしょうか？いくつかの理由が考えられます。
①伊藤園が（委託生産方式によって設備投資リスクは抑えているものの）飲料メーカーであるのに対し、スタバは自社で製品を製造しているわけではなく、その分設備投資の割合が少なく、よって借入依存度も低くなること
②そもそもスターバックス コーヒー ジャパン 株式会社は1995年、スターバックス コーヒー インターナショナル社と株式会社サザビーリーグの提携によって設立された会社であり、日本企業と比して自己資本比率が高い欧米型の財務体質をもつ会社であること

つまり日本企業のほうが「メインバンク」とのつながりが深いのです。同じ飲み物を扱う会社であっても、会社の設立母体（生まれ）によっても財務内容（体質）が異なってくるわけです。

最後にひとつ大切なこと。
先ほど引用した決算書は、各会社のホームページのIR（投資家）情報からひっ

ぱってくることができます。IR情報にはいろいろありますが、そのうち"決算短信"という書類を見つけてみてください。主要な経営指標がすでに計算してありますので、わざわざ自分で計算しなくても大丈夫です。

第2節
貸借対照表とは

1 それぞれのボックスの意味

　貸借対照表とは、企業の一時点における財政状態を表す決算書（財務諸表）です。一時点とは1年の最後の日＝決算日、期末（例：X年3月31日）のことです。

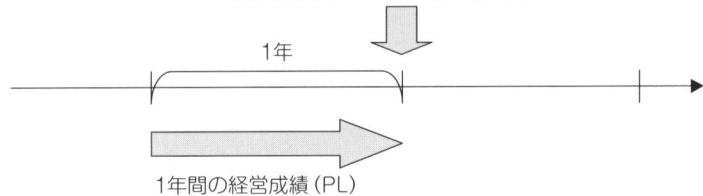

決算日（期末）における財政状態（BS）
1年
1年間の経営成績（PL）

　また資金を調達してきて使うわけですから、貸借対照表の左右の金額は一致します。すなわち、左右のボックスの大きさが同じです。そのためバランスシート（B/S）といいます。

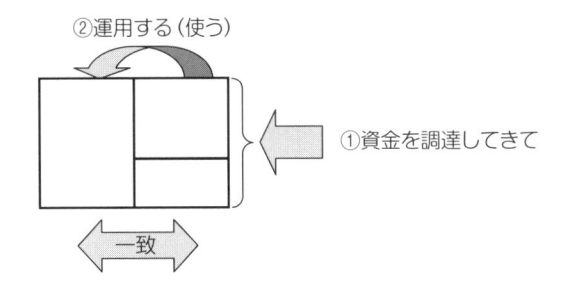

②運用する（使う）
①資金を調達してきて
一致

　貸借対照表（BS）の構成要素は次の3つです。
・資産（Asset）
・負債（Liability）
・純資産（Equity）

これをもう少し正確に図示すると…。

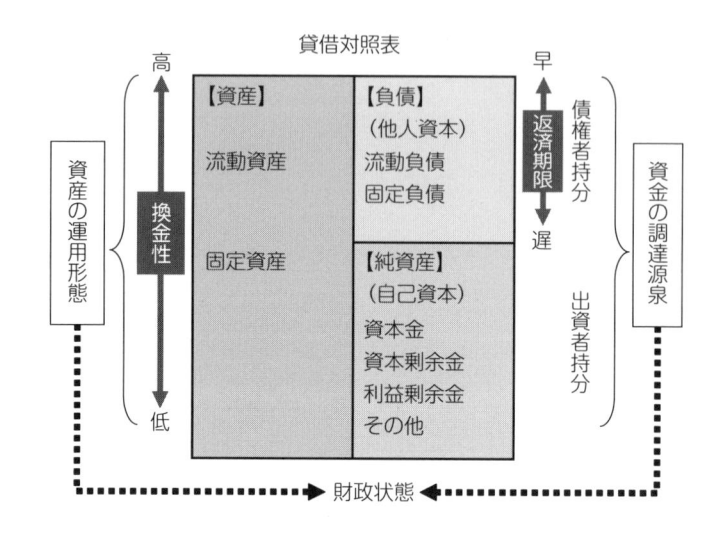

貸借対照表

	【資産】	【負債】（他人資本）
	流動資産	流動負債 固定負債
	固定資産	【純資産】（自己資本） 資本金 資本剰余金 利益剰余金 その他

- 高←換金性→低
- 資産の運用形態
- 早←返済期限→遅
- 債権者持分 / 出資者持分
- 資金の調達源泉
- 財政状態

> 「負債」は返済の義務があるため「他人資本」という
> 「純資産」は株主からの出資金や、設立以来の利益の蓄積（留保）であるため「自己資本」という

　もし「会計」というルールがなければ、企業活動の実態は非常に不透明なものになります。実際に目に見えわかりやすいのは「資産」という項目ぐらいでしょう。他の項目は権利や義務であって、形があるわけではありません。「会計」は、企業活動の経済的実態をつかむための「写像」という役割を担っています。

「会計」は企業活動の「写像」

　会計は見る人やその立場によって誤解が生まれないように、一定のルールが存在します。その一定のルールのもとで、外部の利害関係者（例：債権者）は安心してさまざまな企業活動を比較できるようになるのです。
　そのルールのひとつに、1つの取引を2つの側面でとらえて帳簿に記帳する

という「複式簿記」があります。ここでは詳細を説明いたしませんが、複式簿記のルールに則って「試算表」というものが作られ、それが「貸借対照表」と「損益計算書」になっていきます。

下の図を見ると「資産」「負債」「純資産」「収益」「費用」という項目がありますね。この５つの項目の内容（数字）をつかむことで、はじめて企業活動の経済的な実態をとらえることができるのです。

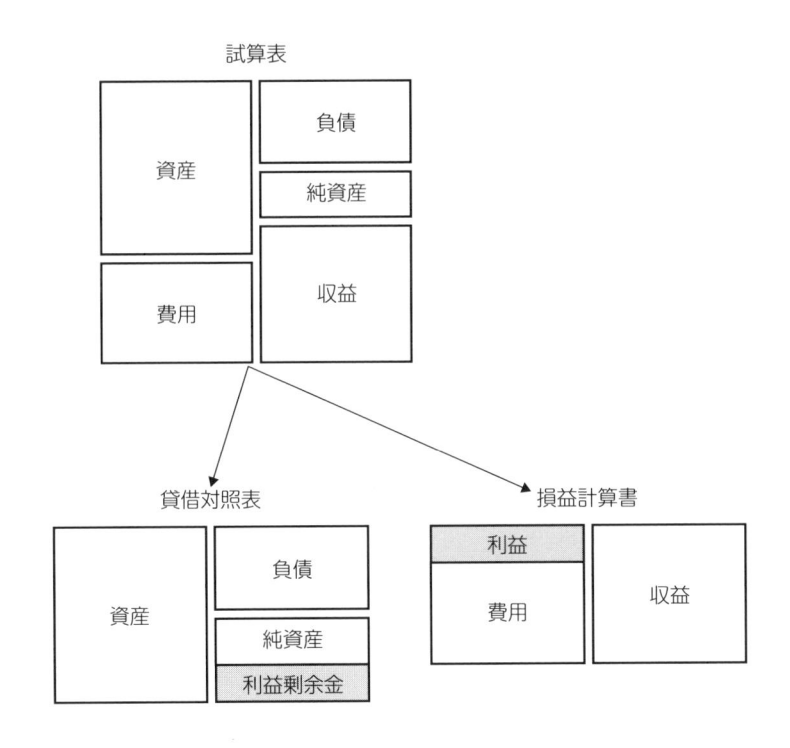

試算表

資産	負債
	純資産
費用	収益

貸借対照表

資産	負債
	純資産
	利益剰余金

損益計算書

| 利益 | 収益 |
| 費用 | |

2 ボックスの中身

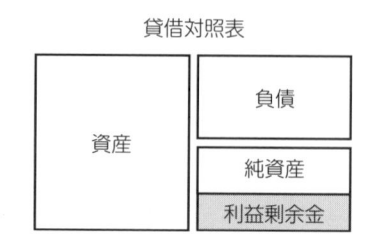

貸借対照表

```
┌─────────┬─────────┐
│         │  負債    │
│  資産    ├─────────┤
│         │  純資産   │
│         │ 利益剰余金 │
└─────────┴─────────┘
```

貸借対照表の構造について概略を説明していきます。

貸借対照表は企業の安全性を分析する上で最も重要な決算書（財務諸表）です。大きく分けて3つのボックスで構成されます。この構造に慣れてしまえば簡単に分析をすることができます。

貸借対照表は左右に分かれています。左側が「資産の部」、右側が「負債の部」と「純資産の部」です。資産を買うためには資金が必要ですね。その資金の調達源泉を示しているのが、貸借対照表の右側の「負債」と「純資産」ですね。つまり「負債」と「純資産」で資金を調達して、「資産」という形で資金を運用していることを示すのが貸借対照表であり、必ず左右の合計額は一致します。それが「バランスシート」と呼ばれる所以です。

①資産

資産は簡単にいえば会社の財産です。その財産を「現金及び預金」「売掛金」「棚卸資産」「有価証券」「建物及び構築物」「機械装置」「土地」などのように細かい項目（勘定科目）に分類して、原則としてその財産を購入したときの価格（これを「取得原価」といいます）で記録しています（取得原価主義）。

❶流動資産

現金及び預金、売掛金のように現金に近いものや、棚卸資産のようにまもなく現金化するものを「流動資産」と呼び、一方、建物や機械、土地のように長期にわたって使用したり保有したりするものを、「固定資産」と呼びます。

言い換えれば、1年以内に現金化するものが「流動資産」となり、1年を超えて現金化するものが「固定資産」となります。

　流動資産には以下のような勘定科目があります。どんなものがあるのかイメージできるようにしてください。
　　現金及び預金
　　受取手形：一定の期日（通常は2〜3ヶ月後）に一定の金額の受取が約束された手形
　　売掛金：掛売上（信用売り）で商品を販売した場合、後で代金を受領する権利
　　　※受取手形と売掛金をあわせて売上債権と言います。
　　　※売上債権のうち将来回収不能になる可能性が高いと予測される金額を「貸倒引当金」と言います。すなわち「貸倒引当金」は売上債権の控除項目としてマイナス表示されます。
　　有価証券
　　棚卸資産：原材料、仕掛品、商品、製品　など
　　　※なお特に換金（流動）性の高い資産である「現金及び預金」「売上債権」「有価証券」をまとめて「当座資産」と言います。「当座資産」には「棚卸資産」が含まれていないことに留意してください。

❷固定資産
　固定資産は1年を超えて（長期）保有される資産のことをいいます。以下の3つの資産があります
　　有形固定資産：建物及び構造物、機械設備、工具・器具・備品、車両運搬具、土地など
　　無形固定資産：のれん、ソフトウェア　など
　　投資その他の資産：投資有価証券　など

「有形固定資産」は、減価償却によって価値が減少します。減少分は費用として損益計算書に記載されます（ただし土地と建設途中の資産（建設仮勘定）は減価償却の対象とはなりません）。

「無形固定資産」は具体的な形として実存する資産ではありませんが、法律上あるいは営業上の価値をもっている資産です。無形固定資産の「営業権」は「のれん」あるいは「ブランド」を意味しています。その価額を客観的に評価することが難しいため、有償あるいは合併によって営業権を取得した場合に限って資産計上が認められています。

> **コラム**
>
> **流動と固定の区分**
>
> 「流動」と「固定」を区分する基準は2つあります。
>
> ひとつは現状で貨幣として扱える、あるいは、決算日の翌日から1年以内に現金化できる、という基準です。この基準のことを「1年基準（ワン・イヤー・ルール）」といいます。
>
> もうひとつは「正常営業循環基準」です。資産の現金化に1年以上要しても、主な営業活動（商品の生産・販売）のプロセスにある資産がこの基準に当てはまります。
>
> 通常は、資産も負債も流動→固定の順で並んでいます。資産であれば「換金可能性の高い順」、負債であれば「返済期日が早く到来する順」に並んでいるといえます。

②**負債**

負債は流動負債と固定負債があります。その区分は資産と同様に1年基準と正常営業循環基準です。負債は他人資本ともいいます。

❶流動負債

流動資産が1年以内に現金化するものであったように、流動負債は1年以

内に返済しなくてはならない（支払わなくてはならない）債務をいいます。流動負債には、以下の勘定科目があります。

【主たる営業活動から生じた債務】
　支払手形：一定の期日（通常は2～3ヶ月後）に一定の金額の支払が約束された手形
　買掛金：掛仕入れで商品を購入した場合、後に代金を支払う約束

【主たる営業以外の活動から生じた債務】
　短期借入金、未払金、未払法人税等　など

【将来の費用・損失への引当】
　引当金：合理的に見積もられ、将来発生する可能性の高い費用・損失の見込み額

❷固定負債

固定負債は1年を超えて支払期限の到達する債務などです。具体的には以下のようなものがあります。

　社債
　長期借入金：返済期限まで1年を越える借入金
　退職給付引当金：将来の退職給付額の見込み額　など

③純資産

株主からの出資金や設立以来獲得し留保してきた利益の積立からなります。返済義務があるため「他人資本」といわれる負債に対し、返済義務のない純資産は「自己資本」と呼ばれます。

ここで「資本」という言葉が用いられるのは、2006年5月に会社法が施行されるまで、「資本の部」と呼ばれていた名残があるためです。正確には「純資産の部」の「株主資本」を「自己資本」と考えたほうが良いかもしれませんが、経営指標を算定する際に、そこまで厳密に考える必要はありません。

株式会社を前提とすれば、純資産には以下の項目があります。
　株主資本：資本金（株主からの出資）、資本剰余金、利益剰余金　など
　その他の包括利益累計額：その他有価証券評価差額金、為替換算調整勘定　など
　少数株主持分　など

　細かい項目は覚えなくてかまいません。それよりもずっと大切なこと、着目してほしいこととしては、純資産の部においては「利益剰余金のボリューム、増減に注意する」ということです。
　利益剰余金は、会社設立以来の利益の蓄積です。1年の活動の結果、利益が出れば利益剰余金が増え、損失を計上すれば利益剰余金を減らします。この利益剰余金については、第6章にて詳しく扱います。

> 　利益剰余金は、会社が設立して以来積み上げてきた利益の留保額です。すなわち、損益計算書で利益が計上されれば、貸借対照表の「純資産の部」の利益剰余金が増える
> 　この「利益」（損益計算書）と「利益剰余金」（貸借対照表）の関係はとても大切である

❸ キャッシュはいくら？

　資金の調達と運用を示すのが貸借対照表ですから、それぞれの勘定科目は「最終的にはキャッシュがいくらか？」という観点で評価がされています。
　例えば、売掛金は、貸倒れ（回収不能）のおそれがある部分を引当金という科目で差し引いて評価します。売上により発生した債権である売掛金が、結局いくらのキャッシュとなって回収できるのかを示しているのです。また時価のある有価証券などは、期末日現在の時価で評価します。すなわち期末日現在で売却したらいくらのキャッシュが入ってくるかを示しています。

現状の会計基準は取得原価主義会計であるため、必ずしもすべてがキャッシュという観点で評価されているわけではありませんが、貸借対照表が安全性を分析する上で重要な財務諸表であることを鑑みれば、「最終的にはキャッシュがいくらか」という観点が重要であることを納得していただけるでしょうか。

さてこのような貸借対照表に関連して、会社を経営していく上で最も重要なことは何でしょうか？　それは、負債と純資産をしっかり区別していることです。

負債とは、将来のいずれかの時点で返済の義務があるものです。一方、純資産は株主から預かっていますが、会社が解散しない限り返済の義務はありません。

それではなぜ、この「負債と純資産の違いをしっかり理解していること」が重要なのでしょうか？それは負債が返せなくなったとき、その時点こそ会社が倒産してしまうときだからです。

倒産してしまえばすべてが終わりです。つまり返済義務のある負債をちゃんと返済できるだけの余裕があるのかどうかをしっかり検証することが、貸借対照表の最大の目の付け所になります。

以上の観点から、私が会社の安全性を見るためにまず計算する指標は、
　　①自己資本比率
　　②流動比率
　　③当座比率
の3つになります。これについては次の第3節で詳しく解説いたしましょう。

> **負債と純資産をしっかり区別する**

コラム

財務会計と管理会計

　会計には「財務会計」と「管理会計」と呼ばれる2つの世界があります。

　「財務会計」とは、会社外部の利害関係者に対して公開する決算書(財務諸表)を作成するための会計であり、金融商品取引法や会社法などの法令に基づいています。

　一方「管理会計」とは、経営上の課題解決や意思決定に役立つような情報を得るための会計であり、「財務会計」の数値を一部利用していますが、「財務会計」とは区別して考えるべきものです。

第3節
1分で会社の良し悪しをつかむなら

【Q】"1分で"という限定で、あなただったら決算書のどこを見て、会社の良し悪しを判断しますか？

　この問いに私が答えるなら、まず、
　①自己資本比率
　②流動比率
　③当座比率
を計算すると答えるでしょう。これらはいずれも貸借対照表の数字から計算できる「安全性の指標」です。

　理由は簡単です。
　①自己資本比率は「財務健全性」を示す指標であり、②流動比率、③当座比率は「短期支払能力」を示すものだからです。
　会社が倒産してしまっては、元も子もありません。まず会社が存続していることが前提であることを考えると、①②③という財務的な安全性を示す指標にリスクがないことを知りたいからです。では、ここで各比率について簡単な説明をします。

①自己資本比率

> 自己資本比率＝（自己資本／総資本）×100

　貸借対照表の右側は会社が調達した資金を示しており、他人資本である負債と自己資本である純資産があります。両者を合わせた総資本のうち、自己資本

の割合がどのくらいあるかを示すのが「自己資本比率」ですから、その値が大きければ財務健全性が高く、小さければ財務健全性が低いといえます。なぜなら、自己資本は返済の必要のない資金だからです。

　ここでいう「大きい」「小さい」とは相対的なものですから、何かを基準にしなければなりません。ひとつは同業他社との比較です。同業他社（平均）と比べて、値が大きいか否かということを比較します。
　また目安として、製造業40％、非製造業30％という値もあります。教科書的には50％以上が目安と書いてあったりしますが、間接金融への依存度が高い、言い換えれば欧米に比べてメインバンクの存在が大きい日本では、東京証券取引所へ上場している会社の平均は、製造業で40％、非製造業で30％程度になっています。

　また業種や資金繰りの状況によっても特徴が現れるのも「自己資本比率」です。設備などの固定資産を多く必要とする業種（例えば電力会社、鉄道会社などのインフラ産業）では自己資本比率は20％程度だったりします。金融業以外では10％以下は過小資本と考えられ、その場合は中長期的な安定性に疑義が生じてきます。

　このように「自己資本比率」は、会社の中長期的な安定性を表す重要な指標のひとつです。ちなみに長寿企業といわれる清酒製造業などでは、比較的自己資本比率の高い会社が多かったりします。返済義務のない「自己資本」をある一定水準保有することは、やはりさまざまな環境変化のリスクからのワンクッションになっているのかもしれません。

【Q】自己資本比率は高いほどいいの？
　自己資本比率は財務健全性を示すのですから、その値は高ければ高いほどいいのでしょうか？究極的には無借金経営が一番望ましいのでしょうか？

実は、必ずしもそうとは言い切れません。なぜなら、例えば成長期にある会社が、低金利のメリットを最大限享受して多くの借入を行い、積極果敢に設備投資を行って、さらなる飛躍を目指すこともあるでしょう。借入を行えば負債が増大するわけですから、その場合自己資本比率は低下します。

　また低金利時代であれば、自己資本の調達コストより他人資本である負債の調達コストのほうが安いこともあるわけですから、そのメリットを活かさず、自己資本比率を上げることばかり考えていれば、みすみすチャンスを逃しているビジョンのない会社と思われても仕方がありません。マーケットから資本の有効活用ができていないと判断されて株価が低迷し、買収の危険にさらされるかもしれません。

　このように、自己資本比率は経営者の経営に対する積極性の度合いとか会社の戦略を示すものであり、一概に"○△パーセントがいい"といえるものではありません。指標の目安はあくまでも目安に過ぎないということを忘れないようにしましょう。

②流動比率

> 流動比率＝（流動資産／流動負債）×100

　流動資産は1年以内に（短期的に）支払手段となりうる換金性の高いものです。一方負債は将来のある時点で必ず返済しなければならない資金ですから、流動負債は1年以内に（短期的に）支払が必要となるもの（返済義務のある資金）です。つまり1年以内の支払予定と支払準備ということができます。

　流動負債を返済する原資として流動資産があること、そしてその流動資産が流動負債より多いことがわかれば、まず一安心することができます。それが流動比率のもつ意味なのです。

　このように考えてくると業種により相違はありますが、まずは流動比率100％以上であることが求められてくるでしょう。一般の事業会社であれば、通

常120％以上と言われたりもします。

　以上より、流動負債の何倍の流動資産が準備されているかを占める流動比率は、短期的な支払能力、つまり会社の資金の余裕度です。さて、実際はどのくらいの水準が望ましいでしょうか？ある本には200％以上が望ましいと書いてありました。確かに200％もあれば安心です。200というとかなり高い数値に見えますが、この数字には根拠があります。
　流動資産には棚卸資産がありますが、それらを処分して資金として回収してからでないと支払手段となりませんから、資産の処分価値を大体50％と保守的に見積もって、200％といっているのです。

　ここで「資産の処分価値」について、少しお話をしましょう。
　棚卸資産とは、「原材料」「商品・製品」「仕掛品」など、販売活動のなかで保有する資産のことをいいます。つまり棚卸資産は、販売を経て現金化する（資金回収される）ものであり、すなわち言い換えれば、もし販売予定が誤ってしまうと不良資産として滞留してしまうおそれがあるものなのです。

　例えばケーキ屋をイメージしてみましょう。
　ケーキ屋にとって「商品・製品」とは、ショーケースに並んでいるケーキそのものです。これはお客様に売れる直前のものです。それでもどうでしょう。夕方ケーキが売れ残っているのを見たことありますよね。生ものですから、作って1週間も経ってしまったケーキは食べることができないでしょう。すると廃棄するしかありませんよね。店側としても、そのようなケーキを売って食中毒でも出してしまったら、店の存続に関わる大問題です。つまりせっかくお金をかけて作っても、処分されてしまうケーキがあるのです。
　一方「商品・製品」にはさまざまなコストがかかっています。小麦粉や卵に砂糖、生クリームやイチゴ、チョコレートなど「原材料」を使い、水道代、光熱費代、そして人件費をかけてケーキを作っています。これらのコストすべて

が、ケーキを捨てることによって無駄になってしまいます。決算書上は損失を計上しているのです。

　それでは「仕掛品」とはどのようなものでしょう。「仕掛品」とは、製造途中にある製品のことをいいます。原材料に少しでも手をかければ「仕掛品」となりますが、「仕掛品」の状態では販売することができません（つまり資金化はできません）。ケーキでいえば、小麦粉に卵と砂糖をまぜた状態から、スポンジとして焼き上がり、生クリームをつけている途中のもの、イチゴを少しのせるところまで、「原材料」そのものからショーケースに並んだ「商品・製品」にいたるまでのすべての状態を「仕掛品」といいます。確かに、そのままでは売れそうもないですね。

　「原材料」はわかりやすいです。小麦粉、卵、イチゴ、牛乳…。もちろん卵やイチゴ、牛乳も、しばらく経てば傷んでしまって、処分せざるを得ないでしょう。資産としての価値を失っているので、決算書上は損失を計上しなくてはいけません。

　このように棚卸資産は、通常の営業活動のサイクルのなかで、本来は短期的に販売されることが予定されています。販売されることによって、棚卸資産に投下されている資金が回収されるのです。言い換えれば、予定どおり「販売」をされなければ資金化されません。現金にはならないのです。ということは、いわゆる現金や預金、売掛金などに比べて、資金化するまでに若干の時間を要し、場合によっては回収不能になる可能性を含んでいるということができます。棚

卸資産は販売を経て現金化します。もし販売予定が変わって滞留すれば会社にとって大損害なのです。

以上より棚卸資産の特徴をつかんでいただけたでしょうか？
それゆえに、「流動資産には棚卸資産がありますが、それらを処分して資金として回収してからでないと支払手段となりませんから、資産の処分価値を大体50％と保守的に見積もって、200％といっているのです」というように、保守的な考え方が生まれるのです。
もちろん業種にもよりますが、欧米に比して信用取引が発達している日本の会社では、130〜140％くらいでも優良であるといえます。

③当座比率

$$当座比率 =（当座資産／流動負債）\times 100$$

棚卸資産は販売を通じて資金化するものであり、もし販売予定を誤れば資産本来の価値を失って不良化し、資金回収できなくなるおそれがあることを説明しました。したがって、流動資産から棚卸資産を控除したものが「当座資産」になります。もう少し正確に言うならば、流動資産のうち、現金及び預金、有価証券、売掛金及び受取手形から貸倒引当金を引いたものの合計額、すなわち、流動資産のなかでもいざというときに換金しやすい資産を「当座資産」といいます。

「当座資産」は、短期的に資金回収が見込まれる流動資産のなかでも、より換金可能性の高いものです。すなわち「当座比率」とは、イメージ的には換金可能性についてより保守的な見地から、流動比率をより厳しくしたものと考えるとわかりやすいと思います。棚卸資産は、売れなければ資金化しないわけですから、そのような棚卸資産を除いて、短期の支払能力を見ているのです。
このように、当座資産は短期的な支払財源として見込まれています。資産の

処分というプロセスを踏まずに資金化できる資産であるからです。
　しかし、例えば売掛金についていえば、得意先の支払遅延や倒産により、回収不能になることもあるでしょう。ですから回収遅延している滞留売掛金がないかどうかを確かめることは非常に大切な視点になります。

　当座比率は通常は100％以上あれば優良であるといえます。ただし、ここでも大切なことは、100％を下回ったら即NGというのではなく、あくまでも指標のひとつとして総合的に判断する目を養うことです。

　このように、まず1分で会社の実力を見抜くのであれば、財務面の安全性を見ると良いでしょう。なぜなら、まず何といっても最優先すべきことが「近い将来倒産する可能性がないこと」を見抜く必要があるからです。
　いうまでもなく倒産してしまったら元も子もありません。当たり前のことですが、会社は永続的に存続するという前提のなかで企業活動を営んでいるわけで、もし倒産してしまえば株式も債権もみな価値を失ってしまいます。建物や土地などの財産を保有していればそれらを処分して、債権者に分配する必要がでてくるでしょう。

　いずれにしても倒産は、株主、債権者、銀行、仕入先、従業員…会社を取り巻くすべての利害関係者にとって、非常に大きなインパクトを与えることになるのです。それゆえまず一番に、安全性の指標を検証するのです。そしてその安全性の分析をする際に、貸借対照表が必要になってくるのです。

そしてもうひとつ、1分で会社の良し悪しを見るときに私が計算する指標があります。それは「営業利益率」です。こちらは収益性の指標であり損益計算書の数値を用いるので、第3章で見ていきます。

　決算書にはたくさんの数字が並んでいます。
　それを漫然と見ていても、あまり有益な情報は得られません。会計に不慣れな人ほど、数字の多さに圧倒されてしまい、情報に溺れてしまいます。ですから決算書の目の付け処を習得し、必要な情報を取捨選択する力をつけることが、ビジネスパーソンとして不可欠だと思っています。

コラム　財務安全性とは

　負債とは将来のある時点で必ず返済する必要のある資金をいいますが、そのうち「流動負債」とは1年以内に返済義務のある負債のことをいいます。具体的には、物品を購入したけれどまだ資金を支払っていない「買掛金」、手形の振り出し「支払手形」、1年内に返済の必要のある「短期借入金」などがあります。

　これらは決算時点から1年以内に返済（支払や決済）をしなくてはならないので、もし返済できなければ即座に倒産の可能性が高まってきます。一番怖いのは銀行相手の支払手形や短期借入金の返済遅延であり、手形の決済や借入金の返済が2度滞れば銀行取引停止となって、それは事実上の倒産を意味することになります。それゆえ安全性の指標が大切なのです。

第3章

超速・振り返り②
損益計算書

　これから「会計」の話をする上で、どうしても押さえておいてほしい知識を駆け足で振り返っていきます。
　本章は損益計算書について簡単に振り返りますので、細かいことにとらわれることなく、大事なことだけをイメージでつかんでください。
　売上、もうけなど、貸借対照表に比べたらずっと馴染みがあるのが損益計算書の内容です。

第1節
損益計算書の形

1 コストを計算する

　皆さんはハンバーガーを食べたことがありますよね。ハンバーガーをひとつ作るのに、いったいいくらかかるかを考えてみましょう。

　まずハンバーガーの材料が必要ですね。バンズ、ハンバーグ、レタス、トマト、ケチャップやマスタード、ピクルスなども少々。もちろんバンズに挟むハンバーグを作る際には、ひき肉、パン粉、玉ねぎ、油…。これら材料にかかる費用を「材料費」といいますが、実際支払った値段を集計すれば、ハンバーガー1個あたりにかかる費用が計算できそうです。

　そして次に、このハンバーガーを作る人がいます。大きなハンバーガー屋さんであれば、給料制でしょうか。さあ、こちらはどうしますか。作る人の給料をなんとかハンバーガー1個あたりに換算できないでしょうか？

　よくある考え方の一例をあげましょう。例えば、1ヶ月に作るハンバーガーの数を集計して、月給をそのハンバーガーの個数で割れば、1個あたりにかかる費用が計算できるのではないでしょうか。

　もちろん、水道代や電気代、ガス代なども必要ですね。店舗を借りているのであれば家賃も発生します。レンジやシンクなどの設備もいるでしょう。これらはどうしますか？

　これらも先ほどの給料と同じく、1ヶ月にかかる費用を1ヶ月のハンバーガーの生産個数で割れば、1個あたりがでるといえるでしょう。

　ハンバーガーひとつ作るにも、さま

ざまな種類のコストがかかり計算が複雑になることがわかります。

② 変動費と固定費

　このハンバーガー１個あたりにかかる費用の性質を、もう少し詳しく見てみましょう。

　ハンバーガーの材料にかかる費用を「材料費」といいますが、これらは作る個数によって変動する費用なので「変動費」といいます。

　例えばハンバーガーを１個作るのに「材料費」が30円かかったとします。２個作るなら60円、３個作るなら90円…というように、作る個数、つまり生産量によって材料費も比例してアップしていくのです。

　これに対して、給料や家賃はどうでしょうか？材料費と比べて、費用の発生の仕方が異なります。例えば従業員の給料は、月々の生産量の増減によって変動しません（もちろん残業手当などにより多少増減しますが）。店の家賃も、月々の生産量に応じて増えたり減ったりはしません。このような費用を「固定費」といいます。月々の生産量に関わらず一定額が発生する、もう少しいうならば、いったん発生したら生産量がゼロであっても発生し続ける費用なのです。

> 材料費（変動費）は、ハンバーガーを作る個数に比例して増えていく
> 給料や家賃（固定費）は、月々の生産量に関わらず一定額発生する

　ちなみに先ほどのハンバーガーのコスト計算では、１ヶ月の給料や家賃を１ヶ月の生産量で割って１個あたりの費用を求めていました。すると生産量の多い月は１個あたりの固定費は小さく、生産量の少ない月は１個あたりの固定費が大きくなるという計算のゆがみが生じてしまいます。このように固定費を１個あたりに配分することは、実は意思決定を誤らせる大きな原因となります。

第2節
損益計算書とは

損益計算書を図で表現すると、次のようになります。

損益計算書

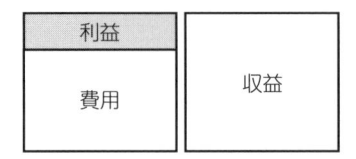

利益	収益
費用	

基本的には、売上から費用（かかったコスト）を差し引いて、利益（もうけ）を計算するのが損益計算書です。Profite Loss Statement を略して P/L と言います。

> 損益計算書の形　　売上－費用＝利益

1　5つの利益

損益計算書で計算される利益は5つあります。段階的に5つの利益に意味を

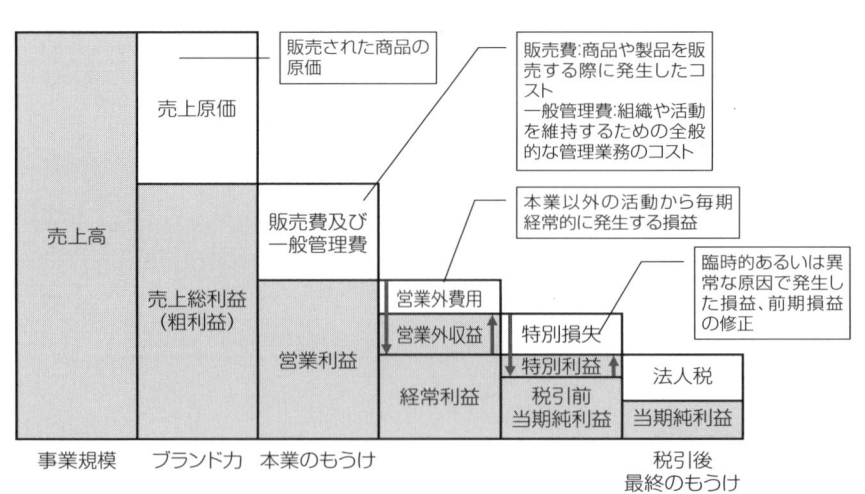

売上高	売上原価		販売された商品の原価				
	売上総利益（粗利益）	販売費及び一般管理費		販売費:商品や製品を販売する際に発生したコスト／一般管理費:組織や活動を維持するための全般的な管理業務のコスト			
			営業利益	営業外費用		本業以外の活動から毎期経常的に発生する損益	
				営業外収益	特別損失	臨時的あるいは異常な原因で発生した損益、前期損益の修正	
				経常利益	特別利益	法人税	
					税引前当期純利益	当期純利益	
事業規模	ブランド力		本業のもうけ			税引後最終のもうけ	

54

もたせながら計算しています。損益を加減しながら、次の利益へとバトンタッチしていくのです。

まずはそれぞれの利益がもつ意味を見てみましょう。損益計算書を見ると以下の順番で利益が並んでいるのがわかります。
①売上総利益
②営業利益
③経常利益
④税引前当期純利益（連結では税金等調整前当期純利益）
⑤当期純利益

①売上総利益
　売上総利益は、売上高から売上原価を差し引いて計算します。売上高は、お客様にモノやサービスを提供した結果得られる対価です。そして売上原価とは、そのモノやサービスを売った分の原価（売った分にかかった費用・コスト）を意味します。ここで"売った分"というのがポイントです。例えば、モノであれば、材料費そのものに加え、モノを作るために要した人件費（給料）、外注費、水道光熱費などを含みます。

　"売った分"であることがポイントだと強調したのは、当期に売れなかった（売れ残った）分は損益計算書の売上原価ではなく、貸借対照表の棚卸資産に含まれて、売れたときに売上原価となるからです。つまり当期の利益の計算には含まれません。

　皆さんもスーパーなどで"棚卸"を見かけたことはありませんか？この"棚卸"という手続は、非常に大切なものなのです。本当に売れるものかどうか、売れなかったらコストはかかったけれど現金化する見込みのないものですから、損を出さなくてはいけないのです。したがって、期末の棚卸は会計士も立会いを行い、棚卸資産として計上している金額が適正かどうか、売れる見込みがなく、損切りしなくてはならないものがないかどうかをしっかりと見極めて、決算書

の確からしさを担保しているのです。

　この売上総利益はその商品や製品のブランド力を示しています。例えばスタバのドリップコーヒーはShort 280円、Tall 320円。一方かなり美味しいと噂のローソンMACHI caféのブレンドコーヒーはM size 171円、L size 200円です（2014年8月15日現在）。同じコーヒーであっても値段が違いますね。高くても売れる、値段を高くしても消費者に受け容れられるということは、その商品のブランド力を示しているといえるのです。

②営業利益
　売上総利益から販売費及び一般管理費を差し引いたものを営業利益といいます。通常、営業活動を行うにあたって、会社はさまざまなコストをかけています。例えば、営業担当の給料、広告宣伝に関わる費用、それに加え、現場である営業や工場をサポートするスタッフ部門の人たちがいるわけで、そのような本社管理部門の人々の給料、本社の賃料・水道光熱費…などなど。このように営業利益は、文字どおり営業活動から得られた利益であり、会社の本業のもうけを表しています。

　「第2章　超速・振り返り①貸借対照表　第3節　1分で会社の良し悪しをつかむなら」では、①自己資本比率、②流動比率、③当座比率の3つが大切であることをお話しました。私がもうひとつ大切にしている指標は「営業利益率」です。①②③が安全性の指標であるのに対し、この「営業利益率」は収益性の指標です。

> **営業利益率＝（営業利益／売上高）×100**

　本業のもうけである営業利益が売上高のどのくらいの割合を占めているかを示すのが「営業利益率」です。本業における営業効率、つまり会社が本業でもうける力を表しています。収益性の指標のなかで、私が一番着目している指標

です。

　収益性を確認するにはまず、売上高及び利益が前年と比べて伸びているかどうかがポイントになってきます。いわゆる「増収増益」です。ここで留意しなくてはいけないことは、売上高と利益がともに伸びていることです。
　また増収増益であることは重要ですが、それだけでだまされてはいけません。売上原価と在庫の関係をしっかり確認する必要があります。すなわち期をはさんだ売上の動きや在庫の変化を必ずチェックする必要があるのです。
　例えば、売上目標を達成するために、期末に押し込み販売をしたとします。すると期末においては売上が伸びますし、通常利益も確保されます。しかし、翌期に返品の約束をしていたならば、翌期首に売上戻しや在庫の返却が行われます。またこういうとき、場合によっては在庫の移動はなく、数字だけで売上たことにしていることもあるでしょう。ですから期末の棚卸立会で在庫の状況をしっかり把握するとともに、期をまたいだ売上、売掛金の動きにも注意する必要があるのです。カットオフといわれる手続です。

　では、この営業利益率、どのくらいが目安なのでしょう。
　会社の中期経営計画では「営業利益率５％目標」などという記載をよく見かけます。何度も申していますが、これもあくまでもひとつの指標です。５％を上回るか下回るかではなくて、同業他社と比較してどうなのか？期別比較した結果、どのような推移になっているのか？といったような、地に足のついた分析をできるようになりましょう。

③経常利益
　営業利益から、営業外損益を加減したものを経常利益といいます。
　営業外損益とは、本業以外の活動から毎期経常的に発生する損益です。例えば、支払利息は借入金から発生した財務活動による費用であり、会社の本業の営業活動から生じたコストではありません。また受取利息や受取配当金、為替

差損益、株式の売却損益なども本業以外の活動から生じたものであり、営業外損益項目となります。すなわち経常利益は、本業以外で発生する収益・費用も加味した成果ということができます。

　私は個人的には経常利益をあまり重視していません。それは「第3節　利益のもつ意味」のところで少し話をしますが、経常利益が注目を浴びている分、経営者の恣意性が入りやすい利益だからです。とはいえ、本業の成果と毎期発生する投資活動・財務活動の成果との合計額として、世間的には経常利益を会社の一期間の成果の尺度として頻繁に用います。

④税引前当期純利益

　経常利益から特別損益を加減したものを税引前当期純利益といいます。

　特別損益とは、当期に臨時的・偶発的に発生した損益項目をいいます。例えば、本社ビルが移転することに伴って引っ越し関連費用が発生したとか、保有している株式の時価が取得原価（買い値）の半分以下になった場合の評価損、固定資産を売却した場合の固定資産売却損益などが該当します。このように税引前当期純利益は、税金以外の当期の収益・費用をすべて加味した成果といえます。

⑤当期純利益

　税引前当期純利益から当期の利益に伴って生じるであろう税金費用を見積もって控除すると当期純利益になります。

　当期純利益は、すべての収益費用を差し引いた結果として、会社が当期に獲得した利益です。会社はこれをもとに配当と内部留保を行います（内部留保は貸借対照表の利益剰余金に計上されますが、もし会社に当期純利益がなくとも、利益剰余金から配当することが可能です）。

　一般的には、株主（投資家）の注目度が高い利益といえるでしょう。

コラム

ROA と ROE

収益性指標である ROA や ROE について説明します。ROA については いくつか計算式がありますが、一般的な計算式は下記のとおりです。

ROA ＝事業利益／総資本　　ただし事業利益＝経常利益＋支払利息
ROE ＝当期純利益／株主資本

ROA とは Return On Assets の略です。「総資産事業利益率」もしくは「総資本事業利益率」と言います。総資産事業利益率という場合は、資産がどれだけの利益を生み出すかという見方をしており、一方総資本事業利益率という場合は、資金提供者から見た投資に対するリターンはどの程度かという見方をしていることになります。

分子の事業利益は、経常利益から支払利息の影響を除いたものになっています。ということは、ROA は「すべての調達資本が資本構成によらず生み出す正常なリターンの程度」を示していることになります。

一方 ROE は、株主から見たリターンの程度です。つまり「株主の投下資本に対して、結果としてどれだけのリターンがあるのか」を示しています。

日本においては ROA と ROE の関係性はあまり重視せず、それぞれ独立した収益性指標と位置づけていることに特徴があります。

▼収益性の指標〜ROAとROE

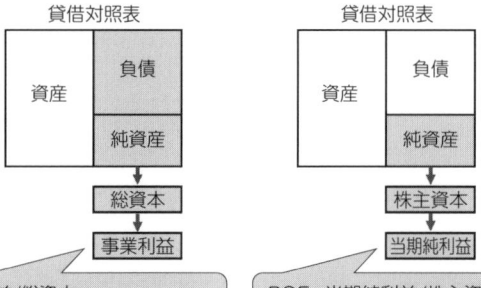

貸借対照表

資産	負債
	純資産

→ 総資本 → 事業利益

ROA＝事業利益/総資本

事業利益とは、資本構成の如何によらず調達資本全体が生み出す利益である

ゆえにROAは企業全体の投下資本に対するリターンといえる

貸借対照表

資産	負債
	純資産

→ 株主資本 → 当期純利益

ROE＝当期純利益/株主資本

当期純利益とは、事業利益に、利息、特別損益項目、法人税等の影響を加味した利益であり、株主に帰属する利益ともいえる

ゆえにROEは株主の投下資本に対するリターンといえる

＊日本ではROAとROEは、独立した収益性指標と見る傾向が強い。
＊欧米では株主重視のため、収益性の中心はROEである。

欧米のおける収益性指標の中心はROEです。欧米では株主重視の考え方が強いからです。ちなみにROAはROEを分解するなかで出てきます。

ROE＝ 当期純利益 / 株主資本　（日本の定義式と同じ）
　　 ＝（当期純利益 / 総資産）×（総資産 / 株主資本）
　　　　　　　ROA　　　　　　　　財務レバレッジ

ただしこのROAは、分子が事業利益ではなく当期純利益です。また分母は総資産となっています。

さらにROAを以下のように分解します。

ROA＝ 当期純利益 / 総資産
　　 ＝（当期純利益 / 売上高）×（売上高 / 総資産）
　　　　　売上高当期純利益率　　　総資産回転率

以上より、
　ROE＝ 売上高当期純利益率　×　総資産回転率　×　財務レバレッジ
ということができます。

2　費用・収益のあれこれ

損益計算書に費用として計上されるものについて少し解説します。

①販売費及び一般管理費

販売費は会社が商品や製品を販売する際に発生したコストです。

一般管理費は会社の組織や活動を維持するために必要となる全般的な管理業務にかけられるコストです。損益計算書では以下の勘定科目で計上されます。

　　給料手当
　　広告宣伝費
　　消耗品費
　　通信費
　　保険料
　　貸倒損失：実際に回収不能になった売上債権の金額
　　福利厚生費
　　減価償却費
　　研究開発費（当期製造費用としても処理されます）

ここにある減価償却費とは、固定資産（建物、構築物、設備、車両など）を購入した際に計上される経費です。固定資産にかかる費用をその購入時あるいは廃棄時に、一時的な経費として一括計上はできません。国税庁の耐用年数表にしたがって、一定期間（例「金属造りで骨格材の肉厚4ｍｍ以上の事務所：38年」、「切削工具：2年」…）にわたり経費として計上します。恣意性を排除するために、法人税法により詳細な法定耐用年数（2～80年）が定められています。減価償却費を毎年積み立て、減価償却累計額が算出されます。取得時の購入金額から減価償却累計額を引くと、帳簿価格（残存価格）となります。最終的に、残存価格が0円（実際は1円）になるまで償却されます。

定額法	一定の額で減価させる方法 例：耐用年数10年であれば10分の1ずつ
定率法	一定の率で減価させる方法 例：耐用年数10年であれば20.6％ずつ

②営業外収益／費用

営業活動以外の経常的な収益と費用には次のようなものがあります。
　営業外収益：受取利息、受取配当金、有価証券利息、有価証券売却益　など
　営業外費用：支払利息、有価証券売却損　など

③特別損益

臨時あるいは異常な原因で発生した利益および損失、前期以前の損益の修正項目がここで計上されます。

臨時的な利益には、固定資産売却益、長期間保有する目的で取得した有価証券の売却益、過年度の減価償却費を過大に計上した修正額、過年度に貸倒れとして処理した売上債権を当期に回収した額などがあります。臨時的な損失には、固定資産売却損、投資有価証券売却損、災害（火災や地震など）による損失、減価償却費の過年度計上不足の修正などがあります。

コラム

在庫はキャッシュを寝かせている状態

工場で製品を製造し、販売している会社をイメージしてみましょう。生産プロセスに原材料を投入し、製品を完成させ（その途中はすべて仕掛品です）、顧客に売って代金を回収してはじめてひと回りです。

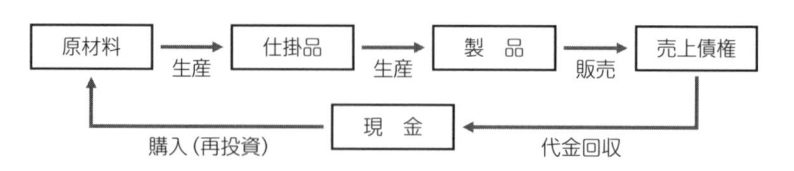

原材料 →(生産)→ 仕掛品 →(生産)→ 製品 →(販売)→ 売上債権 →(代金回収)→ 現金 →(購入（再投資）)→ 原材料

つまり在庫（棚卸資産＝（上図では）原材料＋仕掛品＋製品）はキャッシュを寝かせている状態です。顧客に売って代金を回収してはじめて一巡し、次のプロセスへと資金投入できるということをしっかり頭に入れておいてほしいと思います。

　だから会計上は「売掛金がきちんと回収できるかどうか（売掛金滞留調査）」とか「在庫（棚卸資産）にはちゃんと資産価値があるかどうか（棚卸立会）」という論点が非常に重要なのです。

第3節
利益のもつ意味

1 配当か内部留保か

　会社は営利を目的とした社団法人、つまりもうけをあげることを目的としています。では、会社はそのもうけ（利益）をどのように活用するのでしょうか？

　私たちは、会社の株式を購入することによって、その会社の株主になります。払い込んだ金額は、純資産の部の「資本金」等になります。純資産の部に計上された「資本金」等は負債の部にある「借入金」等と異なり、原則として返済の義務がありません。もちろん株主は株式を売却して値上がりしていればキャピタルゲインを得ることができますが、それとは別に、配当を得ることができます。すなわち配当とは、株主に対する利益の還元方法のひとつになります。
　会社が利益（この場合は、損益計算書の最終利益である当期純利益をイメージしてください）をあげた場合には、一定の割合で配当することができますが、すべてを配当するわけではありません。利益の一部を内部留保することによって、将来への備えとすることも求められます。つまり、利益のうちどのくらいを配当とし（配当性向といいます、すなわち、配当性向＝配当額／当期純利益）、どのくらいを内部留保にするかは、経営者が会社の状況や内外の情勢を見極めつつ、意思決定すべきことなのです。
　2014年3月期決算では、ある大手機械メーカーが当期に稼いだ利益をすべて配当すると発表し話題になりました。景気が上向きになるなかで、もうけを株主に還元するという姿勢が大きく評価され、翌日の株式市場ではこのメーカーの株価が高騰しました。利益をすべて配当するという英断もあるのですね。

　一方、内部留保について見てみましょう。内部留保とは、会社が稼いだ利益

を配当せずに、将来のために蓄えておくことをいいます。将来のリスクに備えるためでもありますし、将来の投資などのためにとっておくためでもあります。

　この内部留保は、貸借対照表の純資産の部の「利益剰余金」です。すなわち「利益剰余金」とは、「会社設立以来の利益をためているところ」です。過去の利益を積み重ねたものであり、会社の蓄えがどのくらいあるかを示しています。もし今年の利益が潤沢でなくても、この利益剰余金を使って配当をすることができるのです。

コラム　内部留保と手元資金

　株主に配当金を支払った後に蓄える内部留保（利益剰余金）のうち、手元資金（現金及び預金、換金可能性の高い株式や債券など）はどのくらいの割合を占めているかご存じですか？

　法人企業統計によれば、金融機関を除く全産業の2013年度末内部留保（利益剰余金）は304兆円であり、過去最高を更新しました。このうち手元資金は内部留保の約半分176兆円、金融危機後の資金繰り不安から増加傾向にあります（総資産に占める手元資金の割合は大企業（資本金1億円以上）で10％弱、中小企業（1億円未満）で20％程度）。

　内部留保（利益剰余金）は、手元資金、設備投資やM&A（合併・買収）の原資、将来の配当など株主へ還元する原資ですが、この水準をどの程度にするかは経営者の手腕です。内部留保が増加傾向にあるということは、ROE（自己資本利益率＝当期純利益／自己資本）が低下することになり（ちなみに日本の上場企業のROEは8％程度、アメリカの約半分）、"稼いだ利益を溜め込むばかりで有効活用ができていない"という市場の評価を受け、株価にも大きく影響してくる可能性があります。

2 IFRSの考える利益

ここでIFRSの現状についてもふれておきましょう。

IFRS（International Financial Reporting Standards）とは、国際会計基準（国際財務報告基準）のことです。2000年ごろに欧州で生まれました。企業のグローバルな活動が進むなか、インフラとしての会計基準のグローバル化も求められるようになり、2005年に欧州連合（EU）が域内上場企業に対して採用を義務付けたことに端を発し、以降世界各国に波及して、現在は120ヶ国以上で採用されています。

従来、会計基準は各国さまざまなものでした。それは会計基準が各国の商慣習を反映し、その国の文化に根付き"一般に公正妥当と認められた会計基準"として発展してきたことに起因します。

しかしその一方で、経済活動のグローバル化が進みました。企業活動がグローバル化するとともに、投資家もグローバル化していきます。すると投資家に有用な情報を開示するという役割を担っている会計としては、"比較可能性"が非常に重要な意味をもってきます。同じ取引を、A国とB国が違った会計処理をするのでは、取引実態を適切に表す会計基準として不具合が生じたのです。

グローバルスタンダードとしての会計基準が求められる一方で、自国の会計基準のほうが自国の商慣習や文化によりフィットするということはいうまでもありません。特に米国会計基準や日本会計基準のように、もともとしっかりした理論体系が整っている会計基準は、国際会計基準に合わせようと思っても、その作業がなかなか遅々として進まなかったことも事実です。

するとどうなるでしょう。

大雑把ないい方かもしれませんが、いま世界には、欧州生まれのIFRSと米国会計基準、日本会計基準が三つ巴になっているといっても過言ではありません。立派な会計基準をもっていた米国と日本が取り残される形で、諸外国がIFRS

にそろえてしまったのです。

　いま少し足踏み状態ではありますが、大きな流れとして、いずれ IFRS へと収斂していくと思っています。したがっていま学んでいる損益計算書の利益についても、これから変わる可能性があるんだな、ぐらいの気持ちで大きく構えておいていただけるとありがたいなと思います。

> **コラム**
>
> ### IFRS が採用されると日本の会計基準はなくなってしまうの？
>
> 　結論からすると、完全になくなることはないのではないかと思っています。
>
> 　なぜなら、決算書の作成目的は、
> ❶投資家に対する適切な情報提供
> ❷配当可能利益の計算
> の２つがあるからです。
>
> 　特に②については、上場会社であれば、金融商品取引法、会社法、法人税法などという法律が絡みます。とすると、いくら国際的に認められた会計基準だからといっても、即そちらにシフトするわけにはいかないのです。
>
> 　したがっておそらく、①については IFRS を採用し、②については日本基準を採用する、ということもありうると思います。実際、域内上場企業に対して採用を義務付けている欧州連合（EU）においても、自国の会計基準を採用している国がありますから。

コラム

IFRS（国際会計基準）によって利益は大きく変わる

　IFRS を採用することによって売上の認識方法しかり、いろいろな変更点がありますが、非常に大きな点として"経常利益"がなくなるかもしれない、という点があげられます。

　日本の経営者は"経常利益"が大好きです。「計上」という言葉と区別するために"けいつね"と呼んだりもします。
　ただし、"経常利益"の位置を思い出してください。"経常利益"の上には"営業外収益・費用"、下には"特別利益・損失"がありますよね。
　"営業外"：本業以外の付随的な取引から生じるもの
　　　　　　例えば利息の受け取り・支払い、株式の売却損益など
　"特別"：経常的に生じる事象ではなく、臨時的、偶発的な取引から生じるもの
　　　　　　例えば、固定資産売却益や火災・リストラなどによる損失など
　あなたが経営者だったとしたら、さまざまな指標にも用いられる"経常利益"をより良く見せたいと思いませんか？そうです、通常は"経常利益"をより大きく見せたいというインセンティブが働くのです。すると、どうします？答えは簡単。"営業外"と"特別"の区別を見てください。経営者であるあなたが"これは本業以外の付随的取引から発生したものです"とか"臨時的な取引から発生したものです"とかいい切ればいいのです。
　つまり、いいものは"経常利益"の上へ、悪いものは"経常利益"の下へもってくればいいのです。"経営者の恣意性"（えんぴつ舐め舐め）です。
　ですから、IFRS 的には"経常利益"に、日本ほどの意義を見出していません。恣意性の介入する余地のある利益ですから、わざわざ計算する必要はなく、日本の現状の損益計算書でいう"営業外"項目と"特別"項目とは、一緒のエリアに計上すればいいと考えているのです。
　もしかしたら、日本の社長さんの大好きな"経常利益"は、いずれなくなってしまう…かもしれません。

コラム 公正価値を重視するということ

　従来の日本基準では、損益計算書のおける収益と費用の期間的対応を重視します。利益は一会計期間の経営成績であり、何が収益で何が費用かということが重要です。

　例えば、減価償却は長期にわたり規則的に償却します。減損の適用も慎重にしますから、一気に損失が計上されることは稀です。これにより、どんなメリットがあるでしょうか？

　そうです、長期的な視点にたった経営を考えることができるのです。財務数値は連続的な意味を持ち、長期的に利益の増大を目指す、いわゆる日本的経営に資することになるのです。

　一方IFRSでは、その時々の公正価値を重視します。資産、負債ともにファイナンス理論にもとづく公正価値であり、その差額である純資産はファイナンス理論に基づく株主価値（これを発行済み株式数で割れば理論上の株価です）となります。

　その公正価値の算定方法のひとつとしてファイナンス理論のDCF（Discount Cash Flow）法があります。DCF法に基づく価値は、現時点からみた将来キャッシュ・フローの価値であり、まさに会社の将来を見通したものになっています。

　IFRSにおける利益は純資産の変動額であり、それは株主価値の増減額です。株主価値は現時点から見た将来キャッシュ・フローの見通しですから、利益は将来に対する見通しの修正値ともいえるでしょう。

　ということはつまり、財務諸表は連続性の乏しい情報となります。短期的な利益の追求という、投資家目線の財務諸表です。これは必ずしも経営者の経営方針と合致しないのではないでしょうか？

第4章

超速・振り返り③
キャッシュ・フロー計算書

　これから「会計」の話をする上で、どうしても押さえておいてほしい知識を駆け足で振り返っていきます。本章はキャッシュ・フロー計算書についてです。
　皆さんは「黒字倒産」という言葉を聞いたことがありますか?
　もうけがでているのに、なぜか会社が倒産してしまう。どうしてそんなことが起こるのでしょうか。
　「もうけがでていること」と「お金があること」の違いとからくりについて解説します。

第1節
損益計算書の限界とキャッシュ・フロー計算書の誕生

まずクイズです。

【問題1】

ひとつ5万円のものを10個、現金で買いました。それをひとつ7万円で6個、現金で売りました。当期の取引はこれですべてだったとします。これ以外のコストも発生しなかったとします。それでは、損益計算書を作成してください。

さていかがでしょう。下記にAさんとBさんのものを書きました。皆さんはどちらになりましたか？

Aさん
売上　　　42万円（@7万円×6個）　　←6個売ったから
売上原価　50万円（@5万円×10個）　←10個買ったから
利益　　　－8万円（8万円の損失）

Bさん
売上　　　42万円（@7万円×6個）
売上原価　30万円（@5万円×6個）　　←売った分の原価
利益　　　12万円

売上原価は"売った分の原価"でした。では"売った分"とはどういうことでしょうか？

いま表現したい取引は、「ひとつ5万円のものを10個買いました。それをひとつ7万円で6個売りました」です。ここで売った分は6個ですね。ですから、売った分の原価は、5万円×6個であることに気が付けるかがポイントです。とすると、どちらが正解かわかりますね。そう、Bさんです。

【問題2】

ひとつ5万円のものを10個、現金で買いました。それをひとつ7万円で6個、掛で売りました（掛の決済は来期とします）。当期の取引はこれですべてだったとします。これ以外のコストも発生しなかったとします。それでは、損益計算書を作成してください。

さて皆さんはどのような結論になったでしょうか？一般的に研修では、以下の2パターンが解答としてよく出されます。

Aさん

売上	0円（@7万円×0個）	←当期はお金が入ってきてないから
売上原価	30万円（@5万円×6個）	←6個売ったから
利益	—30万円（30万円の損失）	

Bさん

売上	42万円（@7万円×6個）	←6個売上という事実があるから
売上原価	30万円（@5万円×6個）	
利益	12万円	

Aさんの主張は「当期はお金が入ってきてないため、売上が計上できない」というものです。一方Bさんの主張は、「現金売上であろうと掛売上であろうと、"売上"という事実があったことに変わりはない」というものです。さて、いずれが正しいのでしょうか。

答えはBさんです。

現金売上であろうと掛売上であろうと、"売上"という事実があったことに変わりはありません。企業活動の取引実態を表現するのが会計ですから、現金売上であろうと掛売上であろうと、売上という事実を表現する必要があるのです。現金か掛かという話は、売上の対価が何かという問題なのです。

この2つの問いの正解を見比べると、いずれも同じ損益計算書になることに気づきましたか？

ポイントは以下の2点です。
① 「ひとつ5万円のものを10個買い、それをひとつ7万円で6個売った」という事実（取引実態）は同じだということ。現金で売るか、掛で売るかは、対価の回収のタイミングの違いであって、売上という取引実態があったことに変わりはないということ。
② 売上原価は売った分の原価であるということ。売った分は6個なので、6個分の原価を計上するということ。

では、ここで同じ損益計算書が正解となった【問題1】と【問題2】について、お金の流れを考えてみます。

【問題1】では、「支出：5万円×10個＝50万円」に対し、「収入：7万円×6個＝42万円」でした。したがって『収入－支出＝42－50＝△8万円（当期は純額で8万円の支出超過）』

【問題2】では、「支出：5万円×10個＝50万円」に対し、掛売上のため、収入があるのは来期です。つまり当期の収入は0円です。すると『収入－支出＝0－50＝△50万円（当期は純額で50万円の支出超過）』

損益計算書で12万円の利益を計上しているのに、【問題1】では8万円の、【問題2】では50万円の現金が流出しています。手元に現金が存在しない状態で、かつ借入も難しい状況であるならば、当然会社は倒産してしまいます。

"利益"は出ているのに、"お金"がないという状態で会社が倒産してしまうことを"黒字倒産"と呼びます。これは損益計算書の情報だけではわからないものです。つまり損益計算書の限界なのです。

しかし、これは損益計算書の表示が悪いというわけではありません。損益計算書というものは、1年間の売上とそれに見合った売上原価やその他もろもろの費用などを控除して利益を計算する書面です。少なくとも売上から売上原価を控除した売上総利益の段階で、通常は損がでることはありません。売上総損失となるのは、よほどのことだとおわかりいただけるでしょう。

それに対して、資金の流れは別物です。利益の動きとお金の動きは、長い目で見れば連関がありますが、1年1年と会計期間を区切ってしまえば、取引時点と決済時点のズレにより、期末をまたいでいくらでも不一致を起こしてしまうのです。

損益計算書の情報だけでは限界があるために、2000年前後の会計ビッグバン時に、"キャッシュ・フロー計算書"（C/F）が誕生しました。誕生したといっても、以前から存在した資金繰表をより詳しくしたもので、イメージ的にはお小遣い帳のようなものです。つまり、利益の動きとは別個に、キャッシュの動きを追いかけるもの、それがキャッシュ・フロー計算書です。

それではなぜ黒字倒産は起きるのでしょうか？そもそも"倒産"とはどういう状態なのでしょう？倒産する会社というと、長い間経営不振に陥っていて、ずっと赤字決算が続いていたようなイメージがあるのではないでしょうか？
　実はそのようなケースばかりではないのです。前年度の決算が黒字だった会社が、ある日突然倒産してしまう…。このように、利益が出ているように見えたのに突然倒れてしまう「黒字倒産」というものがあるのです。詳細は第6章にて話しましょう。

　ここで「倒産」という言葉について整理をしておきましょう。「倒産」とは、ひとことでいえば資金ショートを起こしている状態です。例えば、仕入先や銀行に対して支払ができなくなってしまうというように、借入金や仕入代金を支払うことができなくなってしまった状態が倒産です。

実は先にあげた【問題1】や【問題2】の事例は、資金ショートを起こしている非常に危険な状況です。会社にお金がないときに給料日を迎えたら、また借入の返済期日がきたら、もう払うことができないでしょう。先の例はひとつの売上取引しかなくて非常に極端でしたが、現実にこのような綱渡りはいくらでも考えられます。例えば作業を行うための人件費だけが先に発生してしまい、当期に売り上げて損益計算書上は利益を出すことができても、その資金回収は期末をまたいで3ヶ月後のため手元に資金がないなど、いろいろ考えられます。

　支出が高額で手元に潤沢な資金がない場合、借入に頼ることになるでしょう。翌期に資金回収して返済をするつもりでも、もしかしたら予定どおりに納品ができず、先方の検収が遅れて、その分資金回収が遅延することもあるでしょう。
　でも借入金の返済期日は待ったなしです。ここで再度の借入ができるだけの信用力がなかったら、最悪、資金がショートして倒産することになります。これが黒字倒産の例です。

　このように、返済期限と資金回収のタイミングがずれるだけで倒産する可能性がでてきます。売上ももちろん大切なのですが、会社にとって資金繰りはとても大事なことなのです。
　このような資金ショートを避けるために、会社は資金繰り表（資金計画表）を作成しています。営業活動によって得られる収入とそれに対応する支出、借入の実行や返済計画など。
　私がお邪魔していた会社でもそうでしたが、1年先から5年先を見通して、借入計画を立て、賞与や納税・設備投資など大口支出に備えをします。そして余剰資金があれば、借入の早期返済の可能性を模索したりするのです。

　これをより精緻化したものが"キャッシュ・フロー計算書"です。2000年前後の会計ビッグバンの際に生まれたように見える新しい計算書ですが、決して難しいものではありません。損益計算書の情報からは読み取れない、キャッ

シュの動きを知るための計算書です。損益計算書とキャッシュ・フロー計算書を合わせて読み込むことで、黒字倒産の兆候などがつかめるのです。

では次に、キャッシュ・フロー計算書の仕組みと読み方を理解しましょう。

> **コラム　売れ残りはどこへ？**
>
> 10個買って、6個売ったということは、残りの4個はどこへいってしまったのでしょう？
>
> 答えは貸借対照表の棚卸資産に、取得原価（買ったときの値段）＠5万円×4個＝20万円で計上されているということです。
>
> ということは、もう皆さん、棚卸の重要性がお分かりいただけますよね。
>
> 本当にその値段で（この場合は買ったときの5万円で）売れるかどうか？もう陳腐化してしまって価値がなくなってしまっているのではないか？そもそもその資産は存在しているのか？ということを確かめる"棚卸"という手続きが重要な意味をもってくるのです。
>
> なぜなら、棚卸資産は1年以内に現金化する予定の流動資産だからです。すなわち棚卸資産にはお金が投下されて紐ついている状態であり、現金化してはじめて、企業活動が一巡するものだからです。
>
> ですから、会計士の監査手続にも、棚卸資産がちゃんと存在しているか（実在性）、換金可能性があるか（資産性）を確かめるための、棚卸立会という重要な手続があるのです。特に棚卸資産の滞留調査などは、重要な監査手続のひとつなのですね。
>
> > 棚卸資産に換金性（資産性）があるかどうかを確かめる棚卸手続は非常に重要
> > 棚卸資産に投下された資金がちゃんと回収できるかどうか、しっかり確かめよう

第2節
キャッシュ・フロー計算書の形

1　キャッシュ・フローで表されるもの

　キャッシュ・フロー計算書は、上場企業が開示する財務諸表のひとつであり、一定期間中のキャッシュの流れ（資金の収支）を明らかにするものです。損益計算書はその期間の経営成績を表すものですが、一方キャッシュ・フロー計算書は、一定期間における実際の資金収支を表現するものです。

　実際のキャッシュ・フロー計算書を見てみましょう。

スターバックス コーヒー ジャパン 株式会社　　　　　　　　　　　　（単位：百万円）

	当事業年度 （自　平成24年4月1日 至　平成25年3月31日）	当事業年度 （自　平成25年4月1日 至　平成26年3月31日）
営業活動によるキャッシュ・フロー		
税引前当期純利益	9,270	10,839
減価償却費	4,448	4,795
貸倒引当金の増減額（△は減少）	2	△4
役員退職慰労引当金の増減額（△は減少）	1	0
受取利息及び受取配当金	△12	△14
支払利息	1	0
為替差損益（△は益）△0	3	△1
固定資産除却損	202	204
本社移転費用	153	―
減損損失	113	41
売上債権の増減額（△は増加）	△852	221
たな卸資産の増減額（△は増加）	△43	△13
前払費用の増減額（△は増加）	△74	△158
預け金の増減額（△は増加）	△187	426

その他の資産の増減額（△は増加）	95	93
仕入債務の増減額（△は減少）	104	69
未払金の増減額（△は減少）	△0	9
未払費用の増減額（△は減少）	376	12
未払消費税等の増減額（△は減少）	△87	△113
預り金の増減額（△は減少）	19	△204
その他の負債の増減額（△は減少）	919	1,396
その他	82	△18
小計	14,532	17,583
利息及び配当金の受取額	12	14
利息の支払額	△1	△0
発行保証金の金銭信託による増減額（△は増加）	△200	△600
法人税等の支払額	△4,778	△4,192
営業活動によるキャッシュ・フロー	9,565	12,804
投資活動によるキャッシュ・フロー		
有形固定資産の取得による支出	△5,011	△7,372
無形固定資産の取得による支出	△398	△628
資産除去債務の履行による支出	△60	△170
差入保証金の差入による支出	△1,489	△1,061
差入保証金の回収による収入	706	1,103
その他	21	△19
投資活動によるキャッシュ・フロー	△6,233	△8,149
財務活動によるキャッシュ・フロー		
短期借入金の純増減額（△は減少）	△200	—
長期借入金の返済による支出	△61	△40
株式の発行による収入	98	53
配当金の支払額	△859	△1,149
財務活動によるキャッシュ・フロー	△1,021	△1,135
現金及び現金同等物の増減額（△は減少）	2,310	3,519
現金及び現金同等物の期首残高	14,801	17,112
現金及び現金同等物の期末残高	17,112	20,631

（平成26年3月期決算短信より）

大きく3つに分かれていることがわかるでしょうか。

①**営業活動によるキャッシュ・フロー：本業の営業活動による収入・支出**
　ここで特に注意すべきは、下記の3つです。
　　・売上債権の増減額
　　・棚卸資産の増減額
　　・減価償却費

②**投資活動によるキャッシュ・フロー：営業活動以外の資産項目の収入・支出**

③**財務活動によるキャッシュ・フロー：営業活動以外の負債・純資産項目の収入・支出（必要な資金の調達や返済、配当支払など）**

　日本では2000年3月期より、キャッシュ・フロー計算書が第3の財務諸表として、上場企業等（金融商品取引法の規制を受ける企業）に作成・公開が義務付けられることになりました。
　営業活動によるキャッシュ・フローと投資活動によるキャッシュ・フローの両者を合算したものを「フリー・キャッシュ・フロー」といいます。これが十分にプラスであれば、財務活動によるキャッシュ・フローにて借入金の返済をすることができます。マイナスであれば、借入によって資金をまかないます。
　ここでキャッシュ・フロー計算書における「キャッシュ」とは、「現金および現金同等物」です。「現金同等物」とは、容易に換金可能であり、かつ価値の変動について僅少なリスクしか負わない短期投資であり、例えば取得日から3ヶ月以内に満期日または償還日が到来する短期的な投資などです。

❷　成長段階にある会社のキャッシュ・フロー

　成長段階にある会社のキャッシュ・フローは以下のような特徴があります。

・投資活動によるキャッシュ・フローが大きく、フリー・キャッシュ・フローもマイナスになっている（積極的な将来投資をしているため）
・その分、財務活動によるキャッシュ・フローがプラスになってる（借入を行っている）

　すなわち成長段階にある会社は、営業活動によって得られるキャッシュ以上に積極的な投資を行っており、その結果フリー・キャッシュ・フローのマイナス分を借入金などで調達している状態になります。その一方で、安定（成熟）期にある会社は、営業活動によるキャッシュ・フローの範囲内で投資を行い、あまり冒険はしません。ゆえにフリー・キャッシュ・フローのプラス分で借入金を返済できている状態となることが多いです。

　黒字倒産してしまう会社は、利益が上がっていても、キャッシュ・フローが支出超過になっています。このように損益に関する情報は損益計算書から、お金の流れに関する情報はキャッシュ・フロー計算書から、両者を合わせてしっかりと読み取れるようになることが重要です。

❸ 減価償却費との関係

　「投資活動によるキャッシュ・フロー」のなかに「有形固定資産の取得による支出」という項目があります。これはどのくらいの水準であることが望ましいのでしょうか？

　ひとつの目安としては、損益計算書の「減価償却費」とのバランスがあります。「減価償却費」というのは、固定資産を取得した際にかかった支出を1期間だけの支出とせずに、固定資産を使用する期間にわたって費用化していくという会計手法です。なぜこのような手法をとるのかといえば、もし1期間だけの費用としてしまうと、投資をした期間に限って利益が大幅に減ってしまい、かえって投資意思決定を誤らせてしまうような経営成績となってしまうからです。経営者にとってみても、利益が大幅に減ってしまうような投資は二の足を踏む

ことになってしまうでしょう。そのために規則的に費用化をし、利益を平準化させるのです。

　これをキャッシュ・フローと結びつけて考えてみましょう。減価償却費に見合った「有形固定資産の取得による支出」があれば、現在使用している固定資産が使えなくなったときに、あらたに購入する資金が会社にプールされているといえるでしょう。また減価償却費を大きく超える「有形固定資産の取得による支出」があれば、それは経営者が積極果敢な設備投資をしていることの表れといえます。
　このように減価償却費のボリュームとの関連で「有形固定資産の取得による支出」を見て、経営者がどのような戦略で設備投資を行っているのかを想像するくせをつけると良いでしょう。

第3節

キャッシュ・フロー計算書の読み方
あなたはキャッシュ・フロー計算書から何を読む？
～キャッシュ・フロー計算書に隠された粉飾決算！

　損益計算書では営業利益がプラスなのに、キャッシュ・フロー計算書の営業活動によるキャッシュ・フロー（小計）では支出超過になっている。いったい、そのズレはどこからきているのでしょうか？

　例えば架空の売上を計上して、損益計算書が実態よりも良く見えるように操作したとしましょう。1億円規模の巨額の粉飾決算です。
　あなたは粉飾決算の数字を作っている上場会社の責任者のつもりになってください。もちろん、売上の水増しは金融商品取引法違反ですから、見つかれば証券取引等監視委員会の強制捜査が入ってしまいますし、東京証券取引所が上場廃止の決定をするでしょう。取引金融機関からも預金を凍結されて債務超過になり、事業継続が困難に陥ってしまいます。ですから、何としてでも隠し通さなくてはいけません。
　実際には販売していない製品をあたかも販売したように偽装しなくてはいけません。販売したように装って、決算書を作るのです。ですから損益計算書上は業績好調の優良会社です。

　こういうとき、どこに歪（ひずみ）がでるでしょうか？
　粉飾決算をしているときには、必ずどこかに綻び（ほころび）が生じるのです。開示している情報間で、必ず不具合が出てきます。さて、どこに？
　先ほど、損益計算書の売上とキャッシュ・フロー計算書の収入がずれることがあるという話をしました。売上という実態はあるけれど、資金が回収されるのは翌期になるパターン。少し長い目で見れば必ず一致するものなのですが、会

計期間を1年で区切るために、売上計上時点と収入時点に「期ズレ」がおきてしまうのです。

　これは仕方のないことです。売上という事実を表現するために損益計算書に売上を計上する一方で、収入（資金の流入）があった時点でキャッシュ・フロー計算書の収入が計上されるのです。

　売上計上時点と収入時点のズレはさまざまです。例えば英会話学校を考えてみましょう。

　通常、英会話学校では、前払いでチケット代を20万円払ったりします。ただし、生徒は一気に20万円分の授業を受けるわけではありません。チケットを少しずつ消化して、例えば1年という期間をかけて授業を受けます。このとき英会話学校は、どういう会計処理をすればいいのでしょうか？

　まず英会話学校としては、チケットを売った際に「前受金」として20万円の現金収入（営業収入）があることになります。そして生徒がチケットを使って授業を受けるたびに、例えば1回の授業が5,000円だったならば、その5,000円ずつの売上が少しずつ少しずつ計上されるのです（正確にいうならば、前受金を取り崩して、売上を計上するという仕訳をします）。

　チケットを、売った年度と同じ年度で使い切ってもらえば期ズレは生じませんが、人為的に会計期間（年度）を1年と区切っている以上、そんなにうまくはいきません。ほとんどは、前受金として営業収入を計上した年度と、売上を計上している年度がずれることになるでしょう。

　いずれにしても損益計算書の売上とキャッシュ・フロー計算書の収入がずれることは、何ら珍しいことではないのです。このことを会計上は「期ずれ」といったり、「タイムラグがある」といったりします。

　キャッシュ・フロー計算書で最も注目するべき項目は「営業活動によるキャッシュ・フローの小計」の金額です。ここをチェックすることにより、本業で1年間にどのくらいの資金収入があったのかを知ることができるからです。

粉飾決算が疑われるとき、この「営業活動によるキャッシュ・フローの小計」は大幅なマイナスになることが多いです。上述のとおり損益と資金収支は一致するものではないとはいえ、営業利益と営業収支（営業活動によるキャッシュ・フローの小計）が大幅に（プラスマイナスで逆転するほど）乖離するのは尋常なことではありません。大きく乖離していた場合「営業活動によるキャッシュ・フローの小計」の項目の内訳を見てみると、売上債権の増減額のところで大幅なマイナス調整が入っていたりすることに気付くのです。

　架空の売上計上により利益が生じていますが、入金されていないので「ズレ」が生じます。そもそも架空売上ですから収入の見込みはなく、いつまでたっても売掛金は解消されず、架空売上を計上するたびに膨らんでいくばかりです。通常の商慣習であれば、売掛金が半年以上滞留していたら、黄色信号がつきますから、1年以上の滞留は怪しすぎます。会計士は滞留売掛金の調査が大好きですから、会社の人に何度もしつこく質問することでしょう。
　このように架空売上を行って利益のかさ上げをしても（営業利益をプラスに見せかけても）、キャッシュ・フロー計算書の「営業活動によるキャッシュ・フローの小計」が大きなマイナスになってしまうことで、ばれてしまいます。つまり「小計」の内訳のところで、滞留売掛金が存在しているために大きなマイナス調整が入り、あえなく粉飾がばれてしまうのです。

> 営業利益（P/L）と営業収支（C/F）の大きなズレはとても怪しい
> 営業利益がプラスでも、「営業活動によるキャッシュ・フローの小計」の売掛金が滞留していないかどうか、資金がちゃんと回収されているかどうかを確かめよう

第5章

良い会社、
伸びる会社とは

「良い会社とは何か」
「伸びる会社は、普通の会社とどこが違うのか」
なぜその会社はそのような結果（決算数値）を生み出せたのか、その経営の志向性や戦略の秘訣にも迫りつつ、世間でいわれる「優良な会社」の決算書を見てみたいと思います。

決算数値はあくまでも「結果」であって、その100点満点ぴかぴかの答案だけを見ても実はあまりおもしろくありません。売上がたくさん上がっていて、利益がバンバンでていて、株価も高値安定していて…。そんな非の打ち所のない決算書の数字だけを見ていても、"ふーん、良かったね""いいね"という感想しか生まれません。

そもそも、どうしてそのような良い成績を生み出せたのか？決算数値を生み出したその裏にある、プロセスや秘密は何なのかを探っていきましょう。

第1節
良い会社って何だ?

① 決算書から読み取れるもの

　「良い会社」とは何か？そもそも「良い」とは何か？
　この命題に答えることは非常に難しい…。なぜなら、「良い」「悪い」というのは各自の主観であって、それぞれの価値観・判断基準に基づくものであるからです。つまり、会社が魅力的であるか否かは人それぞれなのです。
　「良い会社」とは成熟して資金を潤沢にもっている財務的に安全・健全な会社？それとも今まさに成長途上にある、勢いのある会社？売上高が大きい会社？それとも利益？いやいや増収増益で見るのか…

　その人の立場によって、ポジションによって、見方によって、また同じ人物であっても時間軸によって、「良い」「悪い」という主観、評価軸は変わってくるものです。例えば、配当を望む投資家であれば、財務安全性や収益性、配当性向を見るでしょう。キャピタルゲインを目論んでる投資家であれば、その会社の将来性、成長性に興味があります。取引先であれば、取引があって金銭のやり取りが絡むわけですから、会社が倒産しないこと、潰れないこと、つまりまずは財務安全性、そして会社の将来性に注目するでしょう。顧客にとっては、会社の提供している商品やサービスの魅力度など、ほしいものを提供してくれるかどうかが重要でしょう。従業員であれば、会社が倒産してしまっては困りますから、まずは財務安全性、そしてボーナスに直結する収益性、さらに将来性・成長性などでしょうか。これから就職する人であれば、働きやすさ、やりがいなども評価軸にしているかもしれません。

　またこれは投資会社に勤めている友人に教えてもらったのですが、投資会社

にとって魅力的な会社とは、今は課題を抱えているけれども、それを解決すれば大きく発展する可能性を有している会社、つまりポテンシャルを有しているかどうかだそうです。デューデリジェンス（投資対象の実体やリスクを適正に把握するために事前に行う多面的な調査）やSWOT分析（強み弱み分析）を通じて財務・非財務の課題を洗い出し、時価総額にネットデット（有利子負債から現預金を控除した純有利子負債）を加えた企業価値がぐんと上昇する可能性があるかどうかを見極めるのですね。

　このように、それぞれの立場やポジションによって見ているものが違います。例えば、株価が安いときに株を買ってその後大幅に値上がりしキャピタルゲインを得たら、その人にとってその会社は「良い会社」になるでしょう。一方で、もし株で損してしまったら、「悪い会社」のレッテルを貼るかもしれません。

　世間で有名かつ評判高い会社に勤めていても、自分の仕事に満足できなかったり、職場に馴染むことができなければ、その人にとってその会社は「良くない会社」になってしまう。また逆に、世間的にはブラックな職場かもしれないけれど、そこでの仕事に生きがいを感じてわくわく毎日を過ごしていれば、その人にとってその会社は「良い会社」なのです。

　そう、あくまでも「その人にとってその会社は…」という制限がつくのです。「良い」「悪い」は価値観ですから個人の主観に委ねられている、そんなものなのです。絶対普遍的なものではありません。

そのような当たり前のことが、意外と気付かれていません。だから巷には「いい会社、悪い会社ランキング」と銘打った雑誌などが周期的に発売されているのだろうなあと思います。
　同じように、私はよく「公認会計士が見た良い会社とは？」というコメントを求められます。期待ギャップだなあと思います。そもそもこれは、公認会計士という仕事が理解されていないからなのでしょう。公認会計士は相場師でもなんでもない。株価の予想屋ではないのです。でも研修でよく受ける質問のひとつがこれなのですね。
　「私、株をやっているんですけど、どの会社がいいと思いますか？」
　「会計」とか「財務」とか銘打った講義。「会計」を学ぶと「良い」会社がわかって、株でもうけることができる。きっとそのように思われて受講したのだろう感じます。

　しかし、会社の作った決算書は、あくまでも過去の数字です。しかも会社自身が自分で作った成績表。当たり前ですが、経営者としては「良く見せよう」というインセンティブが働きます。だからこそ、外部の第三者であり職業的専門家である公認会計士の「監査」という仕事が求められているのです。
　「監査」は、簡単にいってしまえば、決算書の数字が確かにこの１年間の会社の経営活動を表しているかどうか、現時点での会計ルールに則ってきちんと表記されているかどうか、「まあ、大体これでいいだろう」という心証を得る手続きです。会社の資料は莫大ですから、小学校のＰＴＡや自治会の決算書のように「精査」（全部見ること）なんてそもそもできません。会計の専門家としてリスクアプローチの観点から監査手続を組み立て、「試査」（リスクの高いところを中心に見ること）によって「よし、これでいいだろう」という落とし処を見つけるものなのです。

　確かに会計士は数字に強いです。決算書を読み込んでいます。しかし、「どの株がおすすめですか？」と質問にきた方が注目しているのは、会社の将来像で

す。それは過去の数字である決算書を分析しただけでは、決してわからないことです。会社が将来的にどういう方向へ進もうとしているのか、それを世間がどう評価しているのか、その結果株価上昇が見込めるかどうか…。株価というものは、世間の期待もすべて包含した結果として形成される値なのです。

それではそういう情報はどこに載っているかというと、例えば、決算短信の「経営方針」のなかの「中長期的な会社の経営戦略及び目標とする経営指標」や「会社の対処すべき課題」などに現れてきます。有価証券報告書の「事業の状況」のなかにも「対処すべき課題」や「事業等のリスク」「経営上の重要な契約等」などの記載があります。

決算書で表現されている過去の定量情報に加えて、これら定性情報を読み込むことで、会社の進むべき方向が見えてくるのです。もちろんもっと精度を高めるのであれば、経営者に直接インタビューできることが一番なのですが、それはなかなか叶いませんね。

ちなみに監査手続のひとつに「経営者ディスカッション」というものがあります。会計士が経営者と直接話をすることによって、監査手続で得たさまざまな心証をより確固たるものとするための手続きです。直接話をすることによって、会社の進むべき方向性を確かめ、経営者の熱い想いを受け止め、決算書作成の最終責任者である経営者の誠実性を見極めて、その結果として数字の信頼性に対する心証を得るのです。

すなわち「決算書の数字だけですべてを読み取ることはできない」ということです。

❷ 決算短信

ではここで、スターバックス コーヒー ジャパン 株式会社の平成26年3月期決算短信を例にとりましょう。

2. 経営方針

（中略）

(2) 中長期的な会社の経営戦略及び目標とする経営指標

　前述のミッション宣言に則り、中期事業方針を下記のとおり定めております。

　「熱意あふれるパートナーが一体となり、人々の日常に感動と潤いを与え、最も信頼されるコーヒーブランド・企業となる」

　この事業方針は、心をこめたサービスと商品等の新しい提案により、「手の届く贅沢」を感じていただけるようなサードプレイスを継続的に提供していくことをお客様に約束するものです。また、当社の最大の資産である人という経営資源を活かし、コーヒーを機軸としたブランドを高めていくという当社の方向性を示したものでもあります。スターバックスがお客様にとって大切な存在となり、かつ、当社が魅力ある企業となるため、以下のような目標を掲げて事業を推進してまいります。

- お客様との個々のつながりをさらに強め、スターバックスの価値観を訴求していきます。
- お客様の「スターバックス体験」を高める新しい立地の開拓、魅力的なコンセプト・デザインの店舗の開発を進めていきます。
- 新規事業につきましては、米国スターバックスとともに、参入機会を検討していきます。
- 環境に対する取組みや、コーヒー生産地、地域社会への貢献等、積極的な社会貢献活動を行います。
- 安定的な収益基盤と健全な財務体質を確立し、持続可能で利益性を伴う成長の実現を目指します。

(3) 会社の対処すべき課題

　少子高齢化の中、スペシャルティコーヒー市場は細分化が進み、お客様の嗜好や消費購買行動が多様化するとともに、当社及び店舗への期待や要

望がより高まっているものと認識しております。当社といたしましては、このような変化に柔軟に対応しつつ、スターバックスの価値観に根ざしたブランド及び店づくりに力を入れていくことがますます重要になっていくものと考えております。

　このような観点から、以下の取り組みを実施してまいります。

①既存店舗の収益性を伴う成長

　「最高のコーヒー」を機軸としたビバレッジやフード類を強化するとともに、お客様の視点に立って新しい商品の開発・投入を継続し、店舗内外でのコミュニケーションを通じてその魅力を訴求してまいります。また、サードプレイス環境を更に高める店舗改装、店内サービスや商品の質をより向上させるための設備・機器類の導入及び教育プログラムの充実を戦略的かつ計画的に進めてまいります。このような取り組みにより「スターバックス体験」を強化し、ブランド価値をより高めていくことで、差別化を図ってまいります。

②魅力的な店舗開発の継続

　より多くのお客様に「スターバックス体験」を提供しつつ、利便性をより高めることを目的といたします。多様なニーズを的確に捉えたうえで、ポートフォリオのバランスを勘案しつつ、さまざまな形態の魅力的な店舗の開発を進めてまいります。

③イノベーションを加速する組織基盤の強化

　中長期的な安定成長を目指し、革新性を持って市場をリードしてまいります。そのために、店舗・商品・サービスそれぞれの側面におきまして日本オリジナルのイノベーションを創出する組織機能を総合的に強化してまいります。

④戦略的な支出と収益体質の維持

　「スターバックス体験」の質を更に高めるための戦略的な支出を加速いたします。また同時に、将来に向けた継続的な投資・支出を可能にするため、ビジネスへの再投資と更なる効率化の取り組みを推進し、安定的な

> 利益性の確保を図ります。
>
> 　以上の施策を通じて、日本におけるスペシャルティコーヒー市場のリーディングカンパニーを目指します。
>
> 　　　　　　　　　　　　　　　　　　　　　　　　　　（以下略）

　短信に書かれた内容を読むと、お客様により魅力的な「スターバックス体験」をしていただくことを通じて、スペシャルティコーヒー市場のリーディングカンパニーでありたいという強い想いがしっかりと伝わってきます。

　第19期（平成25年４月１日～平成26年３月31日）有価証券報告書を見ると次のようなことが書かれています。

　「対処すべき課題」のところで、「少子高齢化の中、スペシャルティコーヒー市場は細分化が進み、お客様の嗜好や消費購買行動が多様化するとともに、当社及び店舗への期待や要望がより高まっているものと認識しております。当社といたしましては、このような変化に柔軟に対応しつつ、スターバックスの価値観に根ざしたブランドおよび店づくりに力を入れていくことがますます重要になっていくものと考えております。」とし、以下の４点をあげています。

　　①既存店舗の収益性を伴う成長
　　②魅力的な店舗開発の継続
　　③イノベーションを加速する組織基盤の強化
　　④戦略的な支出と収益体質の維持

　実物を読んでいただければ一目瞭然ですが、簡単にまとめれば、より多くのお客様により魅力的な「スターバックス体験」をしていただくために、戦略的・計画的な取り組みをしていきたい、ということが書かれています。

　同じく「事業等のリスク」の箇所では、スターバックス・コーポレーションとの関係、店舗展開の今後の見込み、競合他社との関係などが具体的に記されており、スペシャルティコーヒー市場のリーディングカンパニーとして、現時点で把握しているリスクには何があるかを簡潔に記載しています。

実はこのように発表された決算書の数字やそれを取り巻く定性情報、そして市場の期待や見込みなどすべてを織り込んで、株価が定まってきます。

　そもそも株価には、将来予想、すべての期待がすでに織り込まれています。その結果を反映してマーケットによって価値を与えられているのです。公開されている情報はすべて株価にすでに反映されているはずですから、インサイダー情報でも手に入れない限り、株が上がるか下がるかなんてわかりません。もし我々会計士のスキルで株価予想が的確にできるのなら、公認会計士はみな大金持ちのはずですから。

　とはいえ、株価がどういう風に決まるのか、株価の動向は非常に気になるところです。第3節にて、会計士なりの視点で（つまり財務の世界から）少しだけ株価の解説を加えたいと思います。

> **コラム　公認会計士の使命（公認会計士法第1条）**
>
> 公認会計士は、監査及び会計の専門家として、
> 独立した立場において、
> 財務書類その他の財務に関する情報の信頼性を確保することにより、
> 会社等の公正な事業活動、投資者及び債権者の保護等を図り、
> もって国民経済の健全な発展に寄与することを使命とする

　公認会計士は、監査および会計等の専門家として、わが国の経済活動の基盤を支えるという社会的使命を負っています。監査を通じて、広く財務に関する情報の信頼性（会社等の経営の内容を正しく表していること）を付与します。また監査を通じて、投資者（企業に出資している株主）と債権者（会社法の対象となる大会社の利害関係者）の保護、併せて資本市場に対する信認の確保が期待されているのです。

　公認会計士は監査証明という公共性の高い業務を行うことを主な業務としていることにより、最終的には国民経済全体の健全な発展、「公共の利益の擁護」

に貢献することが求められています。

❸「良い会社」「悪い会社」

再び「良い会社」「悪い会社」について考えてみましょう。ここではソフトバンクを例にとります。

【@】ソフトバンクは良い会社ですか？悪い会社ですか？

そう問いかけられれば、「良い会社だ」という人が多いかもしれません。テレビには多くのコマーシャルが流れ、そのCMの好感度の高さからいってもセンスの良さがあると感じます。「理想の上司ランキング」などでも、孫正義社長はよく上位にランクインされていますね。

ではここで、孫正義社長のメッセージをホームページから見てみます。

> **世界一は、スタートライン**
>
> われわれは、利益、キャッシュフロー、株式価値などのあらゆる面で、いつの日か必ず世界一の会社になります。
> それらの数字は企業としての強さの証であり、その数字を追求することがわれわれの夢と志を応援してくださる株主の皆さまに対する責任でもあります。
> しかし、世界一は、目標ではなくスタートラインに過ぎません。
> われわれは、300年以上成長し続ける企業グループを目指しています。
> ただし、これも目標ではなく行動計画に過ぎません。
> 大切なのは、世界一になった後に、人類に何を残せるかということです。
> ITによるライフスタイルの革新を通じて、人々に感謝され、人々に尊敬されて初めて、われわれの存在に意義が生まれるのです。
> 「情報革命で人々を幸せに」──これこそがわが社の唯一の願いです。

第5章　良い会社、伸びる会社とは

> 2013年7月
> ソフトバンク株式会社
> 代表取締役社長　孫 正義

　利益、キャッシュ・フロー、株価のいずれにおいても世界一になると宣言しています。

　孫社長はボーダフォン日本法人（現ソフトバンクモバイル）買収直後（2006年）に、「10年以内に株式会社エヌ・ティ・ティ・ドコモ（以下「NTTドコモ」）を抜く」と宣言しましたが、2013年度（26年3月期）決算短信によれば、NTTドコモの営業利益は819,199百万円、それに対してソフトバンクは1,085,362百万円となり、ついに孫社長の宣言どおりとなりました。

　現在のソフトバンクは、非常に多くの営業利益を生み出し、孫社長の宣言どおりNTTドコモを上回るほどになりました。では10年前はどうだったでしょうか。NTTドコモとソフトバンクを比較して、10年前の段階でソフトバンクのほうが「良い会社」だと言う人がどれだけいたでしょうか。

　現在ソフトバンクはさまざまな業種に巨額の投資をしています（2013年7月のスプリント買収しかり、注目の投資先にあげられているAlibabaしかり）。しかもその意思決定については、社長である孫正義氏の個人色が非常に強くでています。孫社長の意思決定で迅速な経営がなされる一方で、もし孫社長に万が一のことがあったらどうなるか、巨額投資の結果がうまくでなかったらどうなるのか、というような多くのリスクを抱えているともいえます。このように考えてみると、今は斬新でわくわくする魅力的な会社ではあっても、これから先どうなるかは誰にもわからず、永遠に「良い会社」であり続けることなどできないのかもしれません。

　では、ソフトバンクに営業利益を抜かれてしまったNTTドコモは「良い会社」ですか、それとも「悪い会社」なのでしょうか？かつての王者の威光も虚

しく、MNPによる顧客の流出など一人負けの様相を呈していた時期もあります。

とはいえNTTというそのビジネスモデルから、キャッシュ・フローは潤沢です。営業活動によるキャッシュ・フローを比較すると、NTTドコモが1,000,642百万円であるのに対し、ソフトバンクは860,245百万円となっています。

さまざまな業種を買収するという点ではNTTドコモはソフトバンクと同じですが、「なぜ、それを買うのか」が私にはよくわかりません。例えば、(株)ABC HOLDINGS（ABCクッキングスタジオ）、タワーレコード（株）（大手CDショップチェーン）、らでぃっしゅぼーや（株）（有機野菜などの宅配）、(株)オークローンマーケティング（「ビリーズブートキャンプ」で有名なテレビ通販会社）などなど…。

するとソフトバンクとNTTドコモの投資の大きな差は、戦略が見えるかどうかになってきます。私には残念ながら、NTTドコモがなぜそこに投資をするのかを理解できず、個人としては評価できません。したがって、そうした意味では「悪い会社」なのかもしれません。とはいえ、「財務健全性」という点から見ればキャッシュが潤沢ですから「良い会社」といえるかもしれませんね。うーん、それはちょっとおかしいと思いませんか？

すなわち、何を「良し」とするかは非常に難しいことなのです。繰り返しますが、「良い」「悪い」は個人の判断、主観であり、価値観だからです。

財務健全性の観点からはNTTドコモは「良い会社」ですし、消費者に魅力的な商品やサービスを提供している、消費者の求めるものを世に送り出している（「良いもの」を売っている）という意味ではソフトバンクが「良い会社」でしょう。

このように人によって「良い」「悪い」の価値判断は異なるものなのです。

> **コラム**
>
> ### 本当にドコモは負け続けているのか
>
> 　2014年3月期、契約数シェア第3位のソフトバンクが第1位NTTドコモの営業利益をはじめて抜きました。
>
> 　ソフトバンクはここ数年来チャレンジをし続けて、契約純増数を着々と伸ばし、累計契約者数も3割に達し、確実に躍進しています。その一方で、実は毎年経常利益を8000億円以上出していながらも、NTTドコモは足踏みをしています。シェアトップでありながら利益を伸ばせずにいるのです。この差は何なのでしょう？
>
> 　厳しいいい方かもしれませんが、これが経営手腕の差であると思っています。自社の有する経営資源を最大限に活用しながら、明確な戦略のもと会社を躍進させる原動力が、いまのNTTドコモにはないのではないでしょうか。
>
> 　迷走を続けるNTTドコモ。高収益だからこそ、自らのマイナス面を直視せずに済んでいるのかもしれません。

❹ 判断の基準

　「良い」「悪い」の判断は、人によって異なります。何を判断の基準（ものさし）とするかによって、「良い」「悪い」は変わってくるのです。

　例えば、多くの人が「良い」と判断する会社の株価は高値がつくし、一方「悪い」と感じれば株価は下がります。人々の期待や魅力も包含して株価が決まっていますね。

　また企業イメージや評判という判断基準からすれば、「社会貢献」をしている会社を「良い会社」といったりします。CSR(corporate social responsibility)、つまり企業の社会的責任を果たしている会社ですね。他にも、古くからの伝統があるから「良い会社」というのもあるでしょう。

　このように判断の基準（ものさし）をもてば、会社の「良い」「悪い」を判断

することができます。ここからは、本書のテーマである「会計」という判断基準から見た「良い会社」「悪い会社」を中心に考えていきたいと思います。

コラム

決算発表と株価の関係

　人々の期待や、その会社の提供する商品やサービスの魅力・人気も含めて、総合的に株価が決まるという話をしました。

　おもしろいもので、決算発表時期が早いということが株価に対して好影響を及ぼすという傾向があります。

　日本電産（株）は主要企業のなかで決算発表時期が最も早い「トップ集団」の1社であり、2014年3月決算では4月22日に発表がありました。市場関係者の予想どおり、決算発表に合わせて売買代金も膨らみ、高値をつける傾向が見られました。今回は特に消費増税が業績にどのような影響を与えるかを市場が見極めている時期でもあり、さらなる注目が集まったこともあります。そのような市場の期待に応える良好な業績と見通しが確認されることで、株価が急騰したのだと思います。

第2節
決算書は過去の数値

① 過去と未来をつなぐ決算書

　例えばあなたが5年分の決算書を入手して、入念な分析をしたとしましょう。流動比率や当座比率、自己資本比率や営業利益率、売上の伸び率、キャッシュの流れなどを計算して、業界平均値と比較したとします。それによって得られる情報は何でしょうか？

　このように趨勢(時系列的な流れ)を検証したとしても、もしくは同業他社と比較したとしても、結局それは過去の数値の比較にすぎません。つまり決算書というものは、ある一定期間の経営成績とある一時点の財政状態を示している会社の成績表ですから、過去の数字でしかないのです。

　これは仕方がありません。決算書とはそういうものなのです。未来の数字を載せているわけではありません。あくまでも現実を数字で表現した「写像」にすぎないのです。

　しかし現実には「この会社はこれからどうなるのか？」とか、経営者であれば「この会社をこれからどうしたいのか？」というような、これからの会社の方向性、将来の姿を知りたくなります。どうすればいいのでしょう。何を見ればいいのでしょうか。

　もちろん5年分の数値の比較によって、会社を取り巻く環境(それは内部環境も外部環境も含みます)が激変しなければ、おおよその傾向はつかむことができるでしょう。しかし昨今の状況を鑑みて、このままの環境が未来永劫継続していくとはとても思えません。会社を取り巻くさまざまなことが少しずつ、もしくは大きく変わっていくでしょう。

そのために、決算数値(定量情報)に加えて定性情報をしっかり読み込んでいくことが大切になってきます。どういう理由で当期はこの数値に落ち着いたのか、これからこの数字はどのように変化していくのか、手元にある貸借対照表や損益計算書などの数値を、過去と未来をつなぐ現在の数字として読み解く力が必要になってくるのです。

❷ 退蔵益の話

> 〜 その気持ちにドリンクを添えて 〜
> スマートフォンやパソコンから、気軽にスターバックスのドリンクを贈れるサービス"Starbucks e-Gift"がスタート
> 　　　　　　　　　　　　　　(2014年1月15日プレスリリースより)

　2014年1月15日、友人からリンク先の貼り付けられたLINEが送られてきました。何だろう？と思ってあけてみると、"ありがとう"の言葉とともに、スタバの500円分のチケットが…。そうこれが、スターバックス コーヒー ジャパン 株式会社が始めた"Starbucks e-Gift"だったのです。

　これはバーチャルのギフトカード(オンラインチケット)にメッセージを添えて、スマートフォンやパソコンから友人等へ気軽に贈ることができる、インターネット上のギフトカード販売サービスです。誕生日やバレンタインなど、イベントや季節に合わせたテーマの中からデザインを選び、メッセージを入力して、FacebookやLINEのメッセージ機能や電子メールで贈ることができます。オンラインチケットを受け取った人は、全国のスターバックス店舗で、500円までのすべてのドリンクと引き換えることができるのです。

【Starbucks e-gift のサービス概要】

■引き換え可能な商品：500円(税込)までのお好きなドリンク
　※500円(税込)を超える場合、超えた金額をお支払いいただきます。
　※500円(税込)未満の商品と引き換えた場合、釣り銭は出ません。
■有効期限：オンラインチケット販売日の4ヵ月後の月末まで

　Facebookを利用するようになった当初の新鮮な驚きとして、あまり頻繁に会うことができないような友人から誕生日のメッセージで送られてくるようになったことです。スタバはそこに、目をつけたのでしょう。SNSなどのソーシャル・メディアを通じてギフトを贈ることができるサービスを総称して「ソーシャルギフト市場」といいますが、今後ますます拡大していくものと思われます。ちょっとした感謝の気持ちをスタバのコーヒーにのせて送る。手軽でおしゃれで、なかなかユニークなサービスだと思います。500円をクレジットで支払うだけですから、あまり負担にもなりません。
　でも実は、これは退蔵益ビジネスという立派なビジネスモデルなのです。

　退蔵益とは、英会話学校やエステティックサロンなど、前払いで金券やプリペイドカード、クーポン、チケットなどを購入したものの、顧客がその権利を行使しない（期限内に使わない）ことにより、賞品やサービスの提供がないまま販売元に発生する利益のことをいいます。蓄積されたポイントカードの期限切れなどに伴う利益も退蔵益になります。すなわち退蔵益とは、権利を先に販売した後、その権利が行使されなかった時に出る利益のことなのです。
　先に例としてあげた「Starbucks e-Gift」が想定する退蔵益は、チケットを

もらったものの、失念して期限を迎えてしまったというケースが典型例だと思います。加えてスタバのメニューを思い出してください。意外と500円未満のものも多いです。すると想定される価格（500円）より安く済んだというケースでも退蔵益が認識されることになります。

　権利を先に販売し、その権利が行使されなければ丸もうけですから、その分安く販売できるのです。映画の前売り券や回数券、有料クーポンは、限定された一定期間にその権利を行使しなければならないため、より効率的に退蔵益が得ることができます。

　ビックカメラや楽天などのポイントカードも退蔵益ビジネスに該当します。ポイントカードは購入額に応じてポイントが付き、一定額たまると商品の交換に使えるというものです。こちらは、より複雑です。ポイントと商品の交換に、例えば「500ポイントで500円の商品券に交換」と最低交換単位を設定することで、端数は退蔵益になる可能性が高くなるのです。そしてポイントの有効期限を設定することで、端数として期限が切れたポイントは自動的に退蔵益となります。ポイントサービスのシステム運営費も、商品やサービスの値段に上乗せされていると考えてほぼ間違いありません。JALやANAといった航空会社のマイルも同様の仕組みです。

　このように退蔵益という利益を前提としたビジネスモデルは、会社にとってはコストがかからず利益が出ることから、非常にメリットがあるといえます。ただその一方で、余りに退蔵益がでることは顧客サービスの観点から好ましいとはいえません。これを適正な水準におさめることも経営上の課題といえるでしょう。

　ポイントカードを例にとれば、会計上はもうひとつ、「ポイント引当金」の論点があります。例えば、ビックカメラのポイントカードを考えると、売上の3%だったり5%、10%だったり、一定額のポイントがつきます。そのポイントが

商品の購入に使われる場合、その分のお金がお客様から入ってこないわけですから、ビックカメラはこれに対応したお金を負債として計上しておかなくてはいけません。退蔵益をどのくらい見込むかと同時に、ポイントがどのくらい使われるかを予想して、将来の負債としてあらかじめ引当金を立てておく必要があるのです。

　権利が行使されなければ、販売側の丸もうけとなる退蔵益ビジネス。退蔵益が不当に多くなってしまうと、世間の批判を浴びてしまう可能性もあるといえるでしょう。

　ちなみに以前スタバには期限付きのプリペイドカードがありました。そのプリペイドカードが使われずに期日を迎え、失効したことによる利益がどのくらいあったか、ご存じでしょうか？　早速、決算書（損益計算書）を見てみましょう。

（単位：百万円）

	平成22年3月期	平成23年3月期	平成24年3月期	平成25年3月期	平成26年3月期
売上高	97,078	101,576	107,754	116,525	125,666
売上原価	26,647	27,649	28,474	30,663	32,972
売上総利益	70,431 (72.6%)	73,927 (72.8%)	79,280 (73.6%)	85,861 (73.7%)	92,693 (73.8%)
販売費及び一般管理費	63,990	67,596	71,484	76,145	81,742
（内　支払ロイヤリティー）	5,374	5,613	5,962	6,447	6,967
営業利益	6,441 (6.6%)	6,330 (6.2%)	7,796 (7.2%)	9,715 (8.3%)	10,951 (8.7%)
営業外収益	269	343	294	106	118
（内　プリペイドカード失効益）	125	139	171	19	―
・・中略・・					
当期純利益	3,347 (3.4%)	1,147 (1.1%)	3,844 (3.6%)	5,317 (4.6%)	5,998 (4.8%)

注目すべきは営業外収益のなかのプリペイドカード失効益です。実に1億円を軽く超える額が計上されていたことがおわかりでしょうか。平成24年3月の1億7100万円を例にとれば、1杯500円程度のドリンクの34,200杯分にあたります。スタバとしては、実に34,200杯分のコーヒーを売らずにもうけたことになるのです。営業外収益の約半分を占めていますし、非常に目立ちますね。
　もうひとつ、スタバらしい科目を載せました。販売費及び一般管理費のなかの支払ロイヤリティーです。これは"スタバ"を名乗り"スタバ"として商品を販売するために、アメリカ本社に対して支払う対価です。売上高の約5.5％程度、これを大きいとみるか小さいとみるか、いかがでしょうか。

　いずれにせよ経営者としては、退蔵益の水準をどの程度で推移させるかが腕の見せ所でもあるわけで、Starbucks e-gift の今後の行方に注目したいと思います。「この数字はこれからどこに現れてくるのか」という視点を忘れないでください。

コラム　ポイント引当金

　会計も時代とともに進化発展するわけで、私が駆け出しの会計士時代には、「ポイント引当金」という勘定科目はありませんでした。そもそもポイント制度とは、商品を販売した際に顧客に対して利用金額などに応じたポイントを付与し、次回以降の商品販売時に販売価額を割り引いたり、ポイントを商品に交換したりするなどの一定の特典を与える制度です。
　ポイントを発行する会社としては、通常以下のような会計処理をします。

①ポイントを付与した時
　　ポイントを付与した時点では、会計処理はありません。なぜなら、ポイントは使用された時点で販売価額を減額するものであり、ポイント付与側の会社に費用が発生するものだからです。

②ポイント使用時

　ポイントは使用されたときに販売価額が減額され、ポイント使用部分を費用として会計処理します。

　　・ポイントは現金値引きと同様と考え、売上値引とする
　　・ポイントの付与は将来の販売促進効果があると考え、販売促進費とする

③期末（決算）時

　顧客に付与したポイントのうち、期末のポイント未使用残高については、引当金の計上要件を満たす場合に、将来使用されると見込まれる額を引当金として負債計上します。引当金の計上要件は、企業会計原則注解（注18）により、下記の通りです。

　　・将来の特定の費用または損失で
　　・その発生が当期以前の事象に起因し
　　・発生の可能性が高く
　　・その金額を合理的に見積もることができる場合

　この計上要件に基づき、将来の使用見込みを合理的に見積もった上で引当金として負債計上します。将来の使用見込額は、過去の使用実績などに基づいて算定します。また見積もりは、ポイントの有効期限も考慮します。

　ポイントを発行しているのに引当金が計上されていない会社は、もしかしたら負債を小さく見積もっている可能性もあります。負債であるポイント引当金を計上せず、退蔵益だけを認識するならば、利益だけ大きく見せようと疑われても仕方がありませんよね。

3 決算書の見方のコツ

決算書の見方のコツを改めて紹介します。まずは、スターバックス コーヒー ジャパンの決算資料をもとに、以下の2つの図表を作成してみました。その違いがわかりますか？

	平成22年3月期	平成23年3月期	平成24年3月期	平成25年3月期	平成26年3月期
売上高	97,078	101,576	107,754	116,525	125,666
売上原価	26,647	27,649	28,474	30,663	32,972
売上総利益	70,431	73,927	79,280	85,861	92,693
販売費及び一般管理費	63,990	67,596	71,484	76,145	81,742
営業利益	6,441	6,330	7,796	9,715	10,951
営業外収益	269	343	294	106	118
・・中略・・					
当期純利益	3,347	1,147	3,844	5,317	5,998

	平成22年3月期	平成23年3月期	平成24年3月期	平成25年3月期	平成26年3月期
売上高	97,078	101,576	107,754	116,525	125,666
売上原価	26,647	27,649	28,474	30,663	32,972
売上総利益	70,431 (72.6%)	73,927 (72.8%)	79,280 (73.6%)	85,861 (73.7%)	92,693 (73.8%)
販売費及び一般管理費	63,990	67,596	71,484	76,145	81,742
営業利益	6,441 (6.6%)	6,330 (6.2%)	7,796 (7.2%)	9,715 (8.3%)	10,951 (8.7%)
営業外収益	269	343	294	106	118
・・中略・・					
当期純利益	3,347 (3.4%)	1,147 (1.1%)	3,844 (3.6%)	5,317 (4.6%)	5,998 (4.8%)

違いは、2番目の図には、売上総利益率、営業利益率、当期純利益率が付記されています。利益率はいずれも、（利益／売上高）×100にて計算されたパーセンテージです。どちらが見やすいと感じるでしょうか？

　決算書の1期間分の数字を絶対額でにらめっこしても、あまり有用な情報は得られません。期間比較したり同業他社比較したりして、はじめてストーリーが見えてくるものです。同様に、ほんの少しの手間ではありますが、比率（指標）を書き加えることによって、ぐっと情報量がアップし、ストーリーが見えてくるのです。先のスタバを例にとれば、

- ・5年間で売上は伸びているけれども、売上総利益率に大差はない
- ・それに対し営業利益率は伸びているので、販売費及び一般管理費のなかに何か秘密があるはず　→　よし、調べてみよう
- ・当期純利益率もおおよそ伸長しているけれど、平成23年3月期だけ特別に低い　→　何があったのかな？

という具合です。
　実は会計士もこの期別比較で大勢・趨勢をつかむことを非常に大切にしています。決算書を見る場合には、絶対額としての数字だけに着目するのではなく、数字からストーリーを描けるようになることが大切なのです。

コラム　数字の裏にあるストーリーを読む

　「増収増益」といえば、数字の上では何ら問題のない会社のように見えますよね。でも決算書はあくまでも過去の数値。必ずしもこの「増収増益」という好ましい状態が将来にわたって継続することを約束しているものではないのです。

　今から少し前になりますが、皆さんは2008年のスターバックス コーヒー カンパニーの復活劇を覚えていらっしゃるでしょうか？当時の状

況をCEOハワード・シュルツは、「コントロールできない成長をしてしまった。しかし成長しているときには、間違いは見えない」と振り返っています。無理な出店計画に伴う人材不足とクオリティ低下。売上確保のために企業ポリシーにそぐわない商品開発。コーヒーの香りを台無しにしてしまうメニュー、コーヒーと何ら関係もないぬいぐるみ。

　これにより、スタバという"ブランド"がじわじわと毀損されてしまったのです。そしてついに創業以来、初めて客足が鈍り始め、既存店売上高は前年を割り、株価は一時、最盛期から81％も下落するという事態に陥りました。成長劇から一転、瞬く間に転げ落ちてしまったのです。

　当時の決算書を見ると、成長が鈍化し売上が落ちていく様子がわかります。でも大切なこと、それは、決算書はあくまでも後付けの数字であって、現在に至る会社の過去の状況を表しているにすぎないということなのです。決算数値は「写像」なのです。会社の将来の方向性とか未来の姿などを示すものではありませんし、ましてや株価がどうなるかなどと未来を占うツールでもありません。

　とすると我々はどうすれば良いのでしょう。

　数字は確かに事実です。会社の歩んできた軌跡です。その客観的な数字を押さえた上で、会社がどういう方向に進んでいこうとしているのか、数字以外の情報（定性情報）をしっかりキャッチして、総合的な観点で会社をとらえればいいのです。

　ハワード・シュルツはその後、全米で7100（当時）あったすべての店舗を一斉に閉鎖するという英断に出ました。目的は、全バリスタのエスプレッソ作りの再教育です。これは短期的に見れば低迷する売上にさらなる追い討ちをかけるマイナスの効果です。実際、数百万ドルもの損失をだし

ています。

　もしこのときの決算書だけを見たら、売上減少傾向、店舗閉鎖による損失を計上し、決して「良い会社」ではありませんよね。でもそれは違います。数字を見るときは必ず、細部にも目を光らせる繊細さと併せて、全体を長期的な観点から見渡す大胆さが不可欠です。そういう視点で会社を見ているのが会計士なのです。

　当時のハワード・シュルツの言葉は印象的です。
「損失をだしてでも、自分たちの存在意義を守らねばならなかった。危機のときこそ、本当に何が大切で、何が必要なのかをリーダーは見極めなければならない」といい切っています。
「企業は利益や効率を常に求めている。しかし、私の経験から言えばそれを持続できる唯一の方法は、正しいこと（例えば苦しんでいる人、困っている人に手をさしのべること）をすることです。そうすれば素晴らしい人材が来てくれる。価値観をしっかりもった顧客が支持してくれる。勇気をもって正しいことをやろう」と。

　その後スターバックスは、わずか2年で驚くほどの回復を遂げます。2011年9月期の売上高は120億ドルと過去最高を記録、奇跡の復活劇です。

　会社の歩みも人生と同じ、山あり谷ありです。でもゴーイングコンサーンで成長し続けるためにはどうしたら良いのでしょう。

　最後にもうひとつ、ハワード・シュルツの言葉で締めくくります。
「長期的に成功する唯一の秘訣は、一歩一歩約束した以上の実績を積み上げていくこと。目標の5年後の姿を具体的に描いて」

第3節
株価と会社

1　株価から見た会社の姿

　ある会社の株価が上がるか下がるかについては、どんな人でも確実にはわかりません。しかし、株価がどのような仕組みで決まっているかということに対しては、私なりの見方をもっていますので紹介しておきましょう。

　株価を決める大きな要因として、以下の2つがあげられます。
① EPS：Earnings Per Share（1株あたり利益）
　　当期純利益÷期末の発行済み株式数で求められます。
② PER：Price Earnings Ratio（株価収益率）
　　時価総額※÷当期純利益（＝株価÷1株あたりの利益）
　　※時価総額とは、"株価×発行済み株式数"であり、いわば会社の値段です。

　EPSとは、1株あたりのもうけの大きさを意味しており、大きいほうが望ましいといえます。ただし株数の異なる他社と比較してもあまり意味はなく、自社の前年と比較します。一般にEPSが増大すると株価が上がりやすいといえますが、当期純利益の変動要因を十分加味した上で検討する必要があります。すなわち、特別損益の内容を見極めた上で、EPSの値を見るくせをつけると良いでしょう。
　一方PERとは、"会社の利益と株価の関係"を表しています。一般的に、「PERが低ければ低いほど、会社が稼ぐ利益に対して株価が割安である」といえますから、株価の割安感を示しているといえるでしょう。「利益に対する株価の状況」ですから、もっというならば、市場（マーケット）で与えられた株価という価値、つまりその株に人気があるかどうかです。市場で人気が上がれば、

当然「買い」が入ります。その結果株価は上昇し、PERも上昇していくのです。このPERという数値は非常に興味深いものです。

　何度も申していますが、会計士の仕事は日経平均株価やTOPIX（東証株価指数）の上げ下げを当てることではありません。明日の株価がどうなるのかなんて、誰にもわからないのです。
　でも、経営者ディスカッションという監査手続を経るなかで、経営者の誠実さ・実直さに触れることができたり、お客様にまっすぐと向かい合い、いいもの・いいサービスを世の中に出したいと頑張っている、その心意気に触れたりすることができます。そして経営者が、自社を取り巻く環境をしっかり見極めているかどうか、リスクをちゃんと分析しているかどうかを知ることができるのです。

　そういった監査手続を経るなかで、"ああ、この会社はうまくやっていけそうだ"という心証を得られるときがあります。"ああ、この会社は大丈夫だ、信頼できる"と。するとその会社はちゃんと営業利益を上げ続け、結果として株価をしっかりと上げていくことが多いのです。
　もちろんこのようなとき、経営者だけが張り切っていてもすぐボロがでてしまいます。経営者が掲げる経営方針のもと、社員がいきいきと働いているということも、監査にお邪魔しながら我々はそっと見ているのです。
　これは会社の規模の大小に限ったことではありません。営業利益や株価の絶対額の大きさでもありません。そうではなく、長期的な観点で見た営業利益と株価の相関関係があると思うのです。

　例えばここで、スターバックスの営業利益と株価の推移を見てみましょう。まずここ10年の株価の推移です。

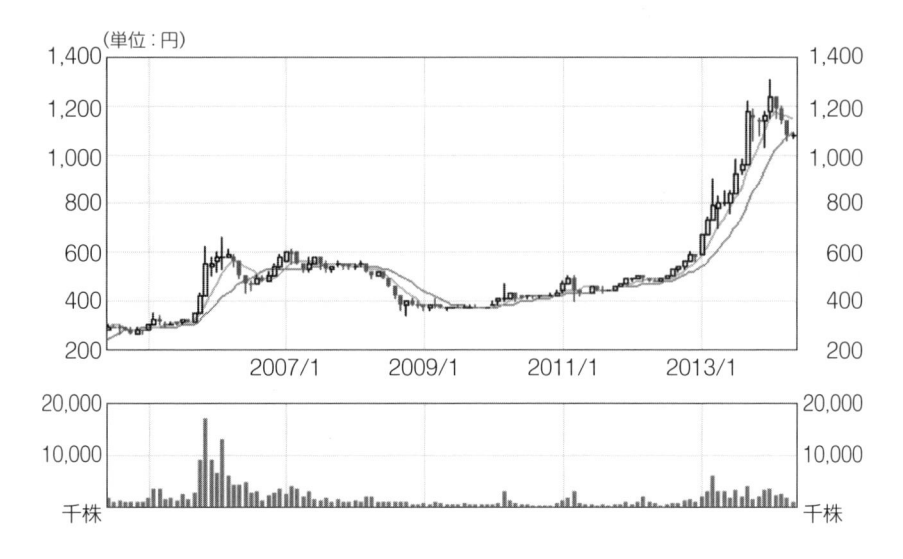

これに同時期の10年分の営業利益の推移を見てみましょう。

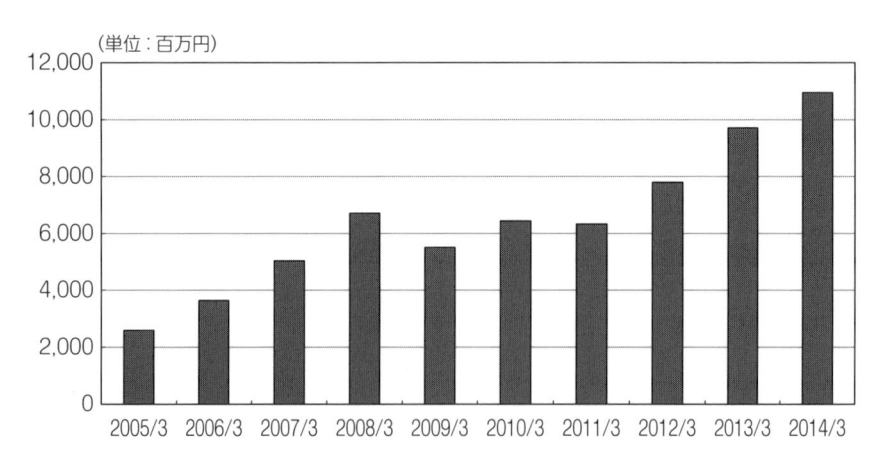

　株価の推移は、実は営業利益の推移と同じ形をしていることがおわかりでしょうか。
　これを5年分でもう少し詳しく分析したものが、次のグラフになります。

(単位:百万円)

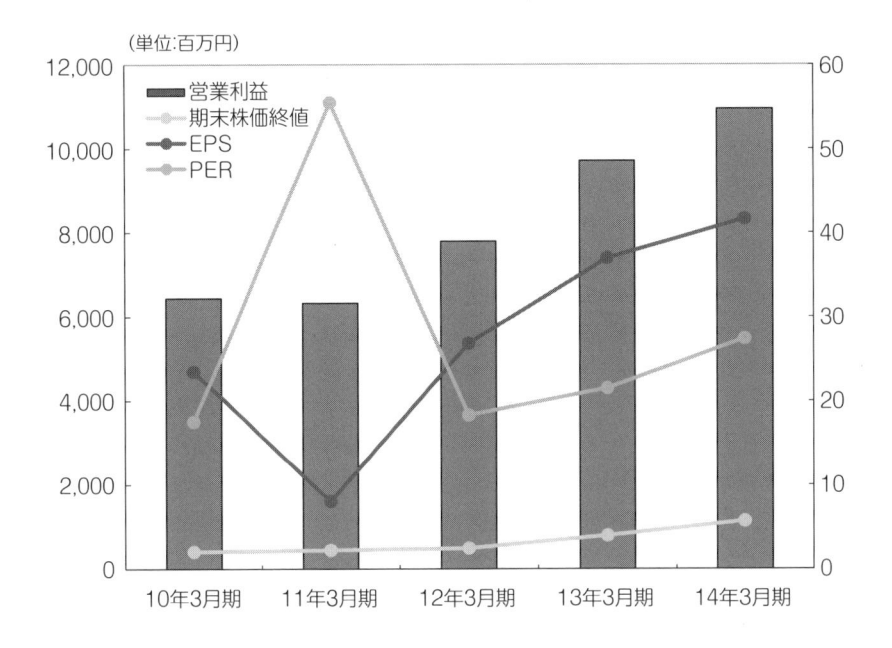

凡例
営業利益
期末株価終値
EPS
PER

このように、営業利益と株価には密接な相関関係があることがわかります。もし株式投資でキャピタルゲインを得たいと思うならば、EPS（1株あたり利益）やPER（株価収益率）を調べ、営業利益と株価の相関関係を長い目で見て、「良い会社」かどうかを判定するのもひとつの手法であるといえるでしょう。

> 明日の日経平均株価が上がるか下がるかはわからない
> でも長い目で見て、成長している会社の株価は必ず上がる
> 「伸びる会社」を見極めるには、まず営業利益（本業のもうけ）の推移に着目してみよう

　そういう意味で、市場（マーケット）はフェアであると思います。よく中期経営計画などで"営業利益率5％を目標とする"などという記載を見かけることがあります。もちろん、この"5％"という数字が、ただ何となくのマジックナンバーでは困るのですが、きちんと自社の状況を見据えた上で、論拠のあ

る数値として5％を算出しているのであれば、営業利益率を伸ばそうという考え方は望ましいと思います。(もちろん、増収増益を前提としています。前年より売上を減らして相対的に比率を上げようなどと考える経営者がいたとしたら、そもそも論外ですから。)

　本業のもうけ（営業利益）があるということは、自社の製品やサービスにお客様がついているということです。自分たちの製品やサービスを買ってくれるお客様を大切にし、しっかりと本業のもうけを出せる会社が、その結果として市場（マーケット）で評価され、株価を高くつけることができるのです。とても納得がいくロジックですね。

> 本業のもうけ（営業利益）を出すということは、自社の製品やサービスを買ってくれるお客様がついているということ
> 　そういう会社は市場（マーケット）に評価され、株価を上げることができている

コラム

株価とPER（株価収益率）

　2014年3月期の日産自動車の株主総会で、株主から株価の低さを指摘する質問が出ました。日産自動車の6月24日終値は974円で、売上規模で大きく下回る三菱自動車（6月24日終値1119円）、富士重工業（6月24日終値2833円）と比較しても、その低さが目立ちます。

	売上高	営業利益	営業利益率	2014/6/24 終値
日産自動車	10兆4,825億円	4,984億円	4.75%	974円
三菱自動車	2兆0,934億円	1,234億円	5.89%	1119円
富士重工業	2兆4,081億円	3,264億円	13.55%	2833円

　株主から見れば、株価の変動に大きな関心があることはいうまでもありません。一方、日産のPER（株価収益率）は約11倍であり、自動車大手7社のほぼ平均値となっており、PERという指標面からは決して割安では

> ありません。とはいえ、やはり絶対額としての株価が非常に気になるというのは、株主ならではの心理といえるでしょう。

❷ バイアス下の意思決定

行動経済学に「バイアス下の意思決定」というものがあります。

人の脳には、

①単純接触効果：なじみがあると心地良く感じること

②ハロー効果：最初にいい印象をもつと、好ましく映る。逆もしかり。例えば清潔感ある好感度の高い人が話をすると、その話の内容は魅力的となり、説得力のあるものとなる。

③アンリング効果：アンカーとは錨のこと。何かを見積もる際にある数字を見せられると、その数字にひきよせられてしまうこと。

という効果があり、判断にあたっては、直感的なバイアスから逃れることは非常に難しいのです。ですから我々は、社会的に認知度の高い有名な大企業については、直感的に好ましい印象をもっていることも多々あります。そうすると、そのような会社を「良い会社」と考えやすくなってしまうのです。

このようなときに、営業利益の伸びや EPS、PER と株価の動きなどを見て、客観的に判断しようと努力する、自身の曇った眼鏡を拭くくせをつければいいと思うのです。

意外と思われる方も多いですが、アベノミクスで景気が上向く直前の失われた10年でも、上場企業の株価は上昇しているもののほうが多いのです。しかも大企業の株よりも中小企業の株のほうが上昇しているものが多いのです。このあたりはぜひ皆さんで検証してみてください。

❸ その他の株価指標

その他の株価指標として知っておきたいもののなかに、株価の割安感を測る

指標であるPBR（株価純資産倍率）があります。

　PBR（株価純資産倍率）とは、会社の純資産と株価の関係を表しており、1株あたり純資産額に対する株価の倍率を示しています。PERと同様に株価の割安性を測ることができ、会社のもっている株主資本（純資産）から見た株価の割安感がわかります。

> PBR（Price Book-Value Ratio）＝株価/1株あたり純資産額（or株主資本）

　上記の式からわかることは、PBR＝1つまり1倍のときには、株価＝1株あたり純資産額ということですから、1倍以下であると割安であることがわかります。株価が下がれば、PBRが下がります。1倍以下になった場合には、事業を継続するより解散したほうが株主にとって利益となる可能性があるということです。このように、PBRが低ければ低いほど、株価が割安であるといえます。

　もし仮にPBRが1以下の株式会社が解散した場合には、株主は持ち株数に応じて株主資本を受け取ることができるので、株主がもうかることになります。業績が良いにも関わらずPBRがあまりにも低い場合は、PBRから解散価値が意識され、株価の下支えの要因になることもあります。

　繰り返しになりますが、株価は必ずしもあるべき価格で存在しているわけではありません。当然のことながら割安株、割高株があるのです。

コラム　統合情報の話

　"Environment(環境)" "Social(社会)" "Governance(ガバナンス)"、このESG情報が企業価値の評価には欠かせない、という考え方が金融市場で徐々に広まりつつあります。決算書の数字（財務情報・定量情報）だけではなく、数字では表現できない定性情報（非財務情報）をも用いて、会社の評価をしようとする考え方です。

　日本には「有価証券報告書」や「決算短信」など、制度として開示を求

められている財務情報があります。これらは記載項目が定められており、網羅的かつ中立的に誤りなく開示されることが求められます。「信頼性」が重視される開示資料です。

　一方、CSR報告書やアニュアルレポートなどの非財務情報は、法律によって強制されるものではなく、自由度の高い自主開示資料です。もちろん「有価証券報告書」や「決算短信」にも多くの非財務情報が記載されていますが、制度開示資料の限界で横並びの記載が多いのが実情です。

　このように開示が複雑化するなかで、CSR報告書等によって開示される情報が、投資家の企業価値評価に資する有用な情報になっているかどうかを見直す動きがでています。今のままでは株価が直近の財務情報（会社にとっては、情報の一部にすぎないもの）のみに依存してしまい、会社の総合的な評価がなされていないのではないかという懸念があるのです。

　現状はまだまだ、財務情報と非財務情報との関連付けが乏しく、「即時性が求められる情報」「長期的視点で評価されるべき情報」「投資家向けの情報」「ステークホルダー向けの情報」というように、情報の特性や利用者の属性によって、各自が使い分けている状況です。このままでは情報を作る側にとっても利用する側にとっても非効率です。

　とはいえ、経営目標や戦略、内外のリスクに対する考え方など非財務情報は、将来見通しに関する不確実な情報です。何か客観的な測定基準があるものではありません。

　それゆえ法的に罰則規定等も定められている制度開示資料には馴染みにくく、実際に「有価証券報告書」や「決算短信」の定性情報（「事業等の概要」「対処すべき課題」「事業等のリスク」など）の箇所においては、リスク回避的な行動がとられる結果、横並びの形式的な表現になってしまい、必ずしも利用者にとって有用な情報を提供できていないのです。

　今後ESG情報がどのように統合されていくか、注目したいところです。

第4節
長生きする会社の決算書の特徴
―長生きする会社って？

【Q】 日本の会社数は上場会社3,415社（2014年3月10日現在）、中小企業・中規模事業者数386万者（社でなくて者！）（2012年2月現在）、全部あわせてもおよそ390万社です。そのうち、創業100年を超える長寿企業は何社くらいあると思いますか？

　2013年、帝国データバンクが長寿企業の実態調査を行いました。帝国データバンクの有する企業概要ファイル（144万社収録）をもとに分析した結果、創業100年以上の長生き会社がなんと全国に2万6,144社もあるというのです。実に分析対象とした母集団の1.8％に上ります（株式会社　帝国データバンク　長寿企業の実態調査（2013年）より）。これを多いと見るかどうかは人それぞれだと思います。

　ちなみに同時期の厚生労働省の調査により、2013年9月15日時点で100歳以上となる高齢者は全国で過去最多の5万4,397人でした。国勢調査のあった2010年における100歳以上の高齢者は4万4,449人であり、2010年の国勢調査結果による日本総人口1億2,805万人のうち、0.03％に該当します。人間と会社とを単純に比較することはできませんが、高齢化社会といわれる日本社会と比較しても、長生きの会社が意外に多いと思われるのではないでしょうか？

　ちなみに業種別に見ると、最も多かったのは「清酒製造」で707社、嗜好品として人々に親しまれ、参入障壁が高いため新規参入が容易ではなく、そのため安定した経営を伝統的に続けてきたことが伺えます。
　またもともとは本業でなかったとしても、時代や環境の変化に合わせて柔軟

に業態変化させたり、それぞれの地域に根ざして柔軟な生き残りをかけてきたりして、長生きをすることができたのだと思われます。

規模別に見ると、従業員10人未満が16,287社で62.3％、年商10億円未満が21,431社で82.0％を占め、比較的小規模な会社の健闘が目立ちます。

例えば「澤乃井」で有名な小澤酒造は、元禄15年（1702年）創業、300年の歴史をもっています。奥多摩の豊かな自然を味方につけて、料亭や酒蔵見学、利き酒処、清酒の美術館などを幅広く運営する会社に成長しています。ホームページも充実し、ネット販売も上手に活用しています。できることなら詳しい財務状況を見てみたいと思いますが、残念ながら決算書は公開されていません。仕方がないので国税庁の「清酒製造業の概況」を参考にしますと、下記のような特徴があります。

- 業界特性として業歴の長い企業が多く、設立以来の利益の蓄えがあり、自己資本比率が高く（財務健全性が高く）、それゆえ昨今の需要減少などの外部環境に耐えうる余力を持っている
- 免許制により新規参入の脅威は比較的小さい
- 自社のブランド価値を保てば、同業他社との競争は回避でき、売上減少を抑えることができる
- 原料となる米については国の政策の影響も受ける
- ビールやワイン、焼酎、ウィスキーなど代替商品と競合すれば、売上の減少となる（ただしこれは消費者の嗜好にも依存）
- 大手小売の交渉力が大きいため、販売価格が抑制される
- ネットを上手に利用して販売経路の拡大を行っている
- ある程度の生産規模があるほうが、機械化が進み、通年製造ができるようになって、人材も設備も有効活用し、高い収益力を保ち、その結果安全性も高くなっている

もちろん「清酒製造」の会社すべてが安定しているわけではありません。同じ「清酒製造」に属していても会社規模は大小さまざまですし、経営がうまく

いっているところもあれば廃業に追い込まれてしまうところもあり、上記の記載はあくまでも平均的な見方です。そもそも嗜好品の宿命としてビールやワインなどの他の嗜好品との競合もありますし、決して安泰な産業ではないと思います。

　とはいえ、この100年の間には大きな戦争や災害がありました。そのような内外の激変する市場環境の流れを柔軟に受け止めて、しなやかに対応し生き延びてきた長寿企業が存在しているのは事実です。これらの長寿企業にはきっと、他社と差別化し生き残りを賭けた不断の努力と将来を見据えた熱い想いがあったのだろうと思います。

第5節
伸びる会社の違いを見極める5つのポイント

　ここでは、私が考える「伸びる会社の違いを見極める５つのポイント」をあげてみたいと思います。実際に私が会社を見るときに、計算したり収集したりする情報です。

　　１．自己資本比率、流動比率、当座比率の推移（安全性）
　　２．売上高、営業利益率の推移（収益性）
　　３．営業利益と株価の推移、PBR、PERの推移
　　４．定性情報（非財務情報）
　　５．ホームページ

　１は安全性の指標、２は収益性の指標です。１～３については「推移」とありますように、期別比較、同業他社比較を前提としています。また４については、有価証券報告書や決算短信の非財務情報のみならず、CSR報告書やアニュアルレポートの情報も含みます。

　さらに５のホームページ。これは意外に思われる方も多いかもしれませんが、ホームページは会社の顔です。社会に向けてどんなアピールをしているか、社会と会社の接点であり窓口なのです。したがって、ホームページが「見やすく」「整理された」「センスの良いデザイン」になっているかを、私は必ず見るようにしています。実はホームページの「イケてる感」こそ、私が直感的に一番大切にしている箇所かもしれません。

＜ホームページのチェックポイント＞

- ☑ 情報がきちんとアップデートされているか
- ☑ トップの顔写真とともに、トップの声明があるか（熱い想いが語られているか）
- ☑ 会社の情報がバランス良く記載されているか（社歴、組織体制、商品・

サービスの紹介、将来に向けての展望や課題など）
☑「投資家情報」「IR情報」がすぐ探せるか
☑散らかった情報ジャングルになっていないか　などなど

　コーポレートカラーを美しく使ったものや、アピールしたい一押し商品に思わず惹きつけられてしまうような好感度の高いホームページもあれば、その一方で、制度によって開示を求められている「投資家情報」のタブが、画面を延々とスクロールした下の隅のほうに載っていて、なかなか探せないホームページや、情報がごちゃごちゃ満載で、ほしいものが見つからない残念なホームページなど。飾りたてればいいというものではないところがホームページのおもしろいところで、品の良さ、センスの良さがにじみ出るものなのではないでしょうか。

　ホームページに必要な情報が載っていて、しかもわくわく魅力的なものかどうか…。当たり前のことかもしれませんが、できていない会社も多いです。ですからこれが、長年会計士をしてきた私の直感に基づく判断の根拠となっています。

コラム　会社ランキングの記事に思うこと

　巷では「良い会社　悪い会社ランキング」というようなタイトルの記事をよく見かけます。社員のクチコミを集めて会社を評価したり、何らかの指標を用いて検証したり。実はそういう記事を見かけるたびに私が思うことを2つ、お話したいと思います。

①「良い」とは何か、「悪い」とは何か

　何を良しとするか否か、その価値観は人によって違います。クチコミはあくまでも個人の主観・価値観に基づくものですから、何事にも表と裏があるように、あるひとつの事象もAさんが見れば望ましく、Bさんが見れば望ましくないように感じられるかもしれません。そういう意味では、決

算書に表現されている「数字」に比べれば、非常に主観的であるといえるでしょう。

とはいえ、実際に勤めている（勤めていた）人たちの信頼できるクチコミを集めることができるならば、会社の生の情報を知りうることになります。いわゆる「学生による就職人気企業ランキング」（まだ勤めたことのない学生が、ある種の憧れやイメージをもって投票しているもの）とは一線を画しているといえるでしょう。

例えば会社の職場環境を「風通しの良さ」「評価の適正さ」「人材の長期育成」「社員の士気」で集計してみたり、時価総額（市場が評価した、いわゆる会社の値段とでもいうもの）ランキングをしてみたり、「待遇面の満足度」でランキングしてみたり。

何を良しとするか、人それぞれの価値観の違いによって、「良い会社」が異なっており、非常に興味深い結果が見受けられます。

実はこのあたり、拙著『企業不祥事に負けない！　不正リスクマネジメント』に詳しく書きましたが、結局は人それぞれの価値観の違いによって「良い会社」「悪い会社」は異なるということなのですね。

②決算書（いわゆる公表数字）ではわからない情報がわかる

「会計」が数字の世界であるということは、裏を返せば数字で表現できない情報を決算書に載せることができないということを意味しています。例えば、組織体制・企業文化（風通しの良さ）、年収・給与制度（待遇面の満足度）、入社理由と入社後ギャップ、モチベーション・評価制度（社員の士気）、女性の働きやすさ、ワーク・ライフ・バランス、成長・キャリア開発、退職検討理由、企業分析（強み・弱み・展望）、経営者への提言など、いずれも「会計」という数字の世界ではなかなか知りえない、社員の生の声（定性情報）がクチコミで集められたりします。

もちろん、本書のテーマは「会計」つまり数字の世界です。とはいえ私が皆さんにお伝えしたいこと、それは「会計」情報と、これらの定性的な情報とを上手に操れるようになってほしいということです。
　「会社」について世の中に出回っている情報は定性情報のほうが圧倒的に多いです。どうしても「会計」情報は食わず嫌いされてしまうことが多く、世の中の人々は「非」会計情報、つまり定性情報のみを用いて会社の良し悪しを判断しがちです。定性情報ももちろん大切ですが、「会計」情報（数字）のもつ客観性にもう少し目を向けてほしいのです。どちらか一方ではなく、両方を操れるようになる、それが本書の願いです。

第6章

"あぶない"という言葉のもつ意味

あぶない会社とはどのような会社でしょうか?
具体的に、何がどうあぶないのでしょうか?
あぶない会社には、どのようなシグナルが現れているでしょうか?…

ここでは、あぶない会社の見分け方を中心に詳しく見ていきます。

第1節
そもそも「あぶない」とは何なのか

先日ある方と、こんなやり取りをしました。

私　　巷には「就活人気企業ランキング」とか「いい会社わるい会社ランキング」とかいろいろあるでしょう？会社のランキング評価って、どう思う？

友人　学生が投票するいわゆる人気ランキングは、イメージ先行で実がともなっていないから、どうかと思うよ。
　　　でも、実際に勤めている人間が投票したりコメントしたりしているランキングなら、一理あるんじゃないかな？

私　　なるほどね。例えば就職先を決めるときに、人生の先輩である親の意見が参考になる、みたいな感じかしら。

友人　そうそう。

私　　でもね、「いい」とか「わるい」とかいうのは個人の価値観や主観でしょう？だから、やっぱり自分の目で確かめてみないと、「自分にとっての」の良し悪しは判断できないと思うのよ。

友人　それはそうだよね。といってもね、最初に「ブラック」な会社に入ってしまうと、やっぱり大変だからなあ。ランキングを100％信じてしまうのは良くないと思うけど、自分の意見をしっかり持った上で参考にするならいいと思うんだよね。

私　　もし「ブラック」なところでも、その与えられた環境でまずは頑張ってみる、という考え方では甘いのかな？…

　先の章でも述べましたが、何をもって「良し」とするかは、個人の主観・感覚であって、当然のことながら絶対的なものではありえません。
　「『良い会社』に入るか、『悪い会社』に入るか。その究極の選択で、その後の

人生は天と地ほど変わってくる」そのように言う人もいます。また、たとえ働きがいのある「良い会社」に入ることができたとしても、時の流れとともに会社が傾き、最悪の事態を迎えて倒産してしまい、失業の憂き目にあうことだってあるかもしれません。そうすると、最初は「良い会社」だと思っていたのに、いつのまにか「悪い会社」になっていたということもあるでしょう。

「良い」「悪い」はあくまでも一時点での状態であって、永遠に続くものではないけれども、少なくとも自分にとって「良い」と思える状態は何なのか？また世間一般でいう「良い」とはどのような状態なのか？を考えることは大切なことなのだろうと思います。

そして、その「良い会社」の裏返しとして「悪い会社」とは何か？さらに一歩踏み込んで「あぶない会社」とはどのような会社なのか？そもそも「あぶない」とはどういう意味なのだろう？ということを考える意義もあるのでしょう。

日常用語でもある「あぶない」という言葉には、実にさまざまなイメージが込められています。

皆さんを含めて世の人々が一般的に考える「あぶない」、週刊ダイヤモンドや東洋経済などの雑誌でいう「あぶない」、帝国データバンクなどの信用調査会社が定義する「あぶない」、我々公認会計士が考える「あぶない」（ゴーイングコンサーン）、不正検査士の考える「あぶない」（不正、不祥事、コンプライアンス）など…。

さあ、「あぶない」という言葉の意味を探っていきましょう。

第2節 「あぶない会社チェックリスト」

1 受講者の皆さんが考えるあぶない会社

　実際の講義では、社会人経験のある受講者の皆さんに、これまでの豊富な経験を振り返っていただきながら、「あぶない会社のチェックリスト」を作成していただきます。

　具体的には、受講者の皆さんが「あぶない会社」という言葉から連想するイメージをポストイットのようなラベルにどんどん書き出してもらい、それをもとに言葉をグルーピングしながら模造紙にまとめていきます。実際の演習例を見てみましょう。

（作品1）

あぶない会社

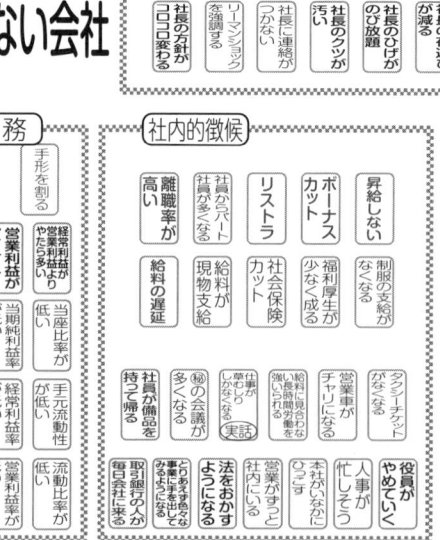

【社長】
- 社長の方針がコロコロ変わる
- リーマンショックを強調する
- 社長に連絡がつかない
- 社長のクツが汚い
- 社長のひげがのび放題
- 社長の夜遊びが減る
- 社長の愛人が減る、いなくなる

【番外編】
- 社食が汚い
- デスクの中が汚い
- 社内恋愛禁止

【財務】
- 手形を割る
- 経常利益が営業利益よりやたら多い
- 営業利益がマイナス
- 自己資本比率が低い
- 当期純利益率が低い
- 売り上げが下がり続ける
- 当座比率が低い
- 資産が出口に近い
- 経常利益率が低い
- 手元流動性が低い
- 利益剰余金が減っていく
- 営業利益率が低い
- 流動比率が低い

【社内的徴候】
- 離職率が高い
- 社員からパート社員が多くなる
- リストラ
- ボーナスカット
- 昇給しない
- 給料の遅延
- 給料・現物支給
- 社会保険カット
- 福利厚生が少なくなる
- 制服の支給がなくなる
- 社員が備品を持って帰る
- ㊙の会議が多くなる
- 仕事に意欲がなくなる
- 長時間労働させられる
- 強い残業時間労働
- 給料日遅れ
- タクシーチケットがない
- 営業車がチャリになる
- 役員がやめていく
- 人事が忙しそう
- 営業がすごく内にいる
- 法をおかすようになる
- 取引銀行の人が毎日会社に来る
- とりあえず事業に手を出してみるようになる
- 本社がいなかに引っこす
- 【実話】

【社外的徴候】
- 店舗支店が減る
- ブラック企業評論に批判される
- 2ちゃんにスレがたつ
- ブラックな噂がたつ
- 客にお茶がでない

【汚い】
- オフィスが汚い
- 玄関が汚い
- トイレが汚い
- 社員のクツが汚い
- 建物周りがキタナイ
- デスク周りが汚い
- 窓が汚い
- 心が汚い

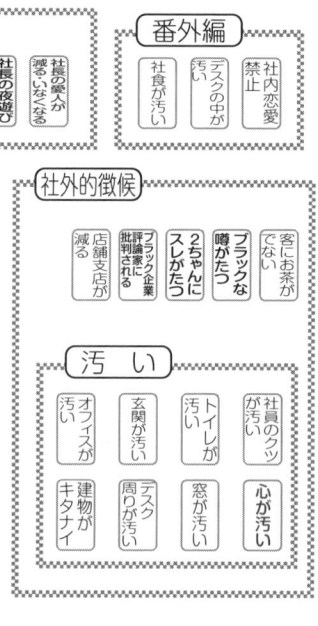

第6章 "あぶない"という言葉のもつ意味

(作品2)

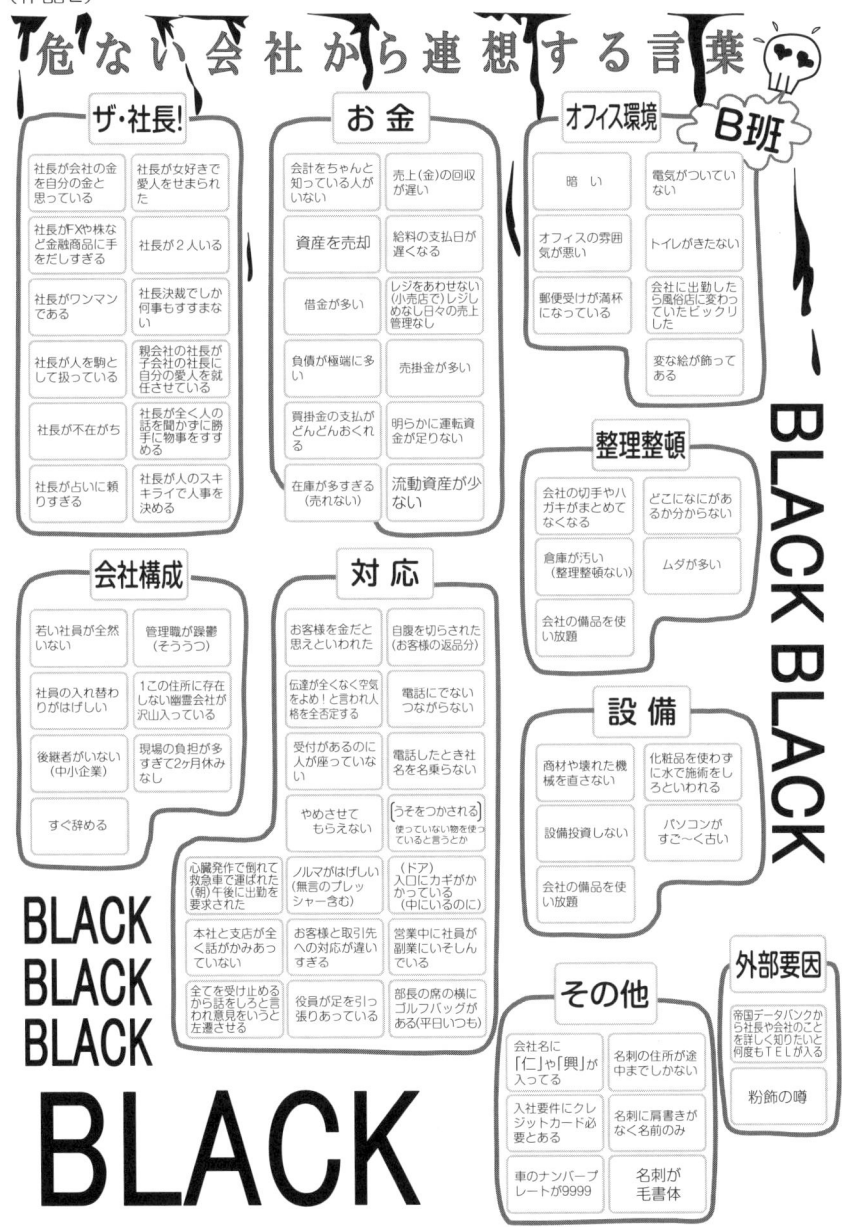

危ない会社から連想する言葉

B班

ザ・社長!
- 社長が会社の金を自分の金と思っている
- 社長が女好きで愛人をさせられた
- 社長がFXや株など金融商品に手をだしすぎる
- 社長が2人いる
- 社長がワンマンである
- 社長決裁でしか何もすすまない
- 社長が人を駒として扱っている
- 親会社の社長が子会社の社長に自分の愛人を就任させている
- 社長が不在がち
- 社長が全く人の話を聞かずに勝手に物事をすすめる
- 社長が占いに頼りすぎる
- 社長が人のスキキライで人事を決める

お金
- 会計をちゃんと知っている人がいない
- 売上(金)の回収が遅い
- 資産を売却
- 給料の支払日が遅くなる
- 借金が多い
- レジをあわせない(小売店でレジしめなし)の売上管理なし
- 負債が極端に多い
- 売掛金が多い
- 買掛金の支払がどんどんおくれる
- 明らかに運転資金が足りない
- 在庫が多すぎる(売れない)
- 流動資産が少ない

オフィス環境
- 暗い
- 電気がついていない
- オフィスの雰囲気が悪い
- トイレがきたない
- 郵便受けが満杯になっている
- 会社に出勤したら風俗店に変わっていたビックリした
- 変な絵が飾ってある

整理整頓
- 会社の切手やハガキがまとめてなくなる
- どこになにがあるか分からない
- 倉庫が汚い(整理整頓ない)
- ムダが多い
- 会社の備品を使い放題

会社構成
- 若い社員が全然いない
- 管理職が鬱(そううつ)
- 社員の入れ替わりがはげしい
- この住所に存在しない幽霊会社が沢山入っている
- 後継者がいない(中小企業)
- 現場の負担が多すぎて2ヶ月休みなし
- すぐ辞める

対応
- お客様を金だと思えといわれた
- 自腹を切らされた(お客様の返品分)
- 伝達が全くなく空気よめ!と言われ人格を全否定する
- 電話にでないつながらない
- 受付があるのに人が座っていない
- 電話したとき社名を名乗らない
- やめさせてもらえない
- うそをつかされる(使っていない物を使っているとか)
- 心臓発作で倒れて救急車で運ばれた(朝)午後に出勤を要求された
- ノルマがはげしい(無言のプレッシャー含む)
- (ドア)入口にカギがかかっている(中にいるのに)
- 本社と支店が全く話がかみあっていない
- お客様と取引先への対応が違いすぎる
- 営業中に社員が副業にいそしんでいる
- 全てを受け止めるから話をしろと言われ意見をいうと左遷させる
- 役員が足を引っ張りあっている
- 部長の席の横にゴルフバッグがある(平日いつも)

設備
- 商材や壊れた機械を直さない
- 化粧品を使わずに水で施術をしろといわれる
- 設備投資しない
- パソコンがすご〜く古い
- 会社の備品を使い放題

その他
- 会社名に「仁」や「興」が入ってる
- 名刺の住所が途中までしかない
- 入社要件にクレジットカード必要とある
- 名刺に肩書きがなく名前のみ
- 車のナンバープレートが9999
- 名刺が毛書体

外部要因
- 帝国データバンクから会社や会社のことを詳しく知りたいと何度もTELが入る
- 粉飾の噂

BLACK BLACK BLACK BLACK BLACK BLACK

（作品3）

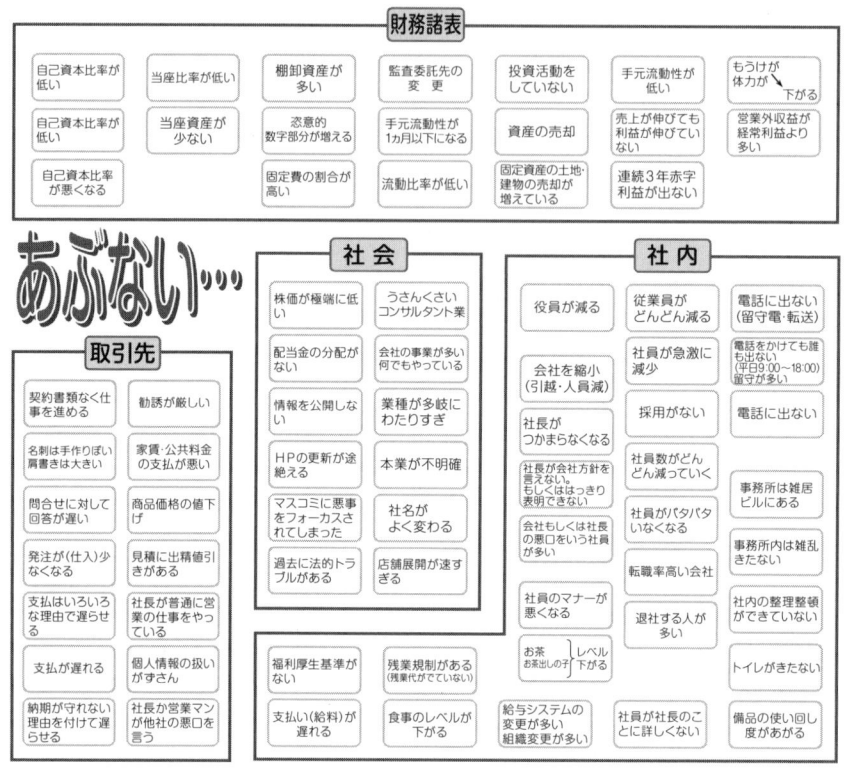

財務諸表

自己資本比率が低い	当座比率が低い	棚卸資産が多い	監査委託先の変更	投資活動をしていない	手元流動性が低い	もうけが体力が下がる
自己資本比率が低い	当座資産が少ない	恣意的数字部分が増える	手元流動性が1ヵ月以下になる	資産の売却	売上が伸びても利益が伸びていない	営業外収益が経常利益より多い
自己資本比率が悪くなる		固定費の割合が高い	流動比率が低い	固定資産の土地・建物の売却が増えている	連続3年赤字利益が出ない	

あぶない…

社会

株価が極端に低い	うさんくさいコンサルタント業
配当金の分配がない	会社の事業が多い何でもやっている
情報を公開しない	業種が多岐にわたりすぎ
HPの更新が途絶える	本業が不明確
マスコミに悪事をフォーカスされてしまった	社名がよく変わる
過去に法的トラブルがある	店舗展開が速すぎる
福利厚生基準がない	残業規制がある（残業代がでていない）
支払い（給料）が遅れる	食事のレベルが下がる

社内

役員が減る	従業員がどんどん減る	電話に出ない（留守電・転送）
会社を縮小（引越・人員減）	社員が急激に減る	電話をかけても誰も出ない（平日9:00～18:00）留守が多い
社長がつかまらなくなる	採用がない	電話に出ない
社長が会社方針を言えない、もしくははっきり表明できない	社員数がどんどん減っていく	事務所は雑居ビルにある
会社もしくは社長の悪口をいう社員が多い	社員がバタバタいなくなる	事務所内は雑乱きたない
社員のマナーが悪くなる	転職率高い会社	社内の整理整頓ができていない
お茶お茶出しの子	レベル下がる	退社する人が多い	トイレがきたない
給与システムの変更があり組織変更が多い	社員が社長のことに詳しくない	備品の使い回し度があがる

取引先

契約書類なく仕事を進める	勧誘が厳しい
名刺は手作りぽい肩書きは大きい	家賃・公共料金の支払いが悪い
問合せに対して回答が遅い	商品価格の値下げ
発注(仕入)が少なくなる	見積に出精算引がある
支払はいろいろな理由で遅らせる	社長が普通に営業の仕事をやっている
支払が遅れる	個人情報の扱いがずさん
納期が守れない理由を付けて遅らせる	社長か営業マンが他社の悪口を言う

　ここには載せていませんがまとめ方にもいろいろあり、ヒト、モノ、カネといった経営資源をくくりとしてまとめるグループもあります。

　この「あぶない会社のチェックリスト」作成演習を通じて、実は「あぶない」という言葉は非常に広い意味をもっていると知ることができます。つまり「会計」が考える、いわゆる「数字で表されるあぶない」は、私たちが考える「あぶない」のほんの一部でしかないのです。

❷ 信用調査会社の考える「あぶない会社チェックリスト」

　これは企業信用調査に実績のある帝国データバンクが作成した「あぶない会

社のチェックリスト」です。

■あぶない会社のチェックリスト（DS帝国データバンク）■

【社長・役員】
☐ ワンマン経営である。
☐ 倒産歴がある。
☐ 内紛がある。
☐ 公職など経営とは関係のない肩書きが多すぎる。
☐ 不在のことが多い。
☐ 素行面で妙な噂がある。
☐ 家庭が円満でない。
☐ 仕事より優先しているものがある。
☐ 極端に労働組合を嫌っている。
☐ ブレーンが機能していない。
☐ 社長・役員に活力がない。
☐ 業界での経験が不十分。
☐ 市場動向、コスト意識など発想に客観性がない。
☐ 経営バランス感覚が不十分。
☐ 意思決定が遅い。
☐ 公私混同が目に余る。
☐ 従業員をけなすようなことがある。
☐ 意志が弱い、人が良すぎる。
☐ 有能な幹部が退職している。

【従業員】
☐ 従業員の退社が目立っている。
☐ 経理担当者が不在がちだったり退職している。
☐ 従業員の社長や幹部に対する悪口が増えている。
☐ 中堅社員の酒を飲む機会が増えている。
☐ 所在なげにしている従業員がいる。
☐ 接客や電話応答に身が入らない。

【商品・技術・サービス】
☐ 商品構成にバランスが取れていない。
☐ 企画・開発力が劣っている。
☐ コスト競争力が劣っている。
☐ 商品クレームが恒常化している。
☐ 納期が守られていない。
☐ 成熟商品である。
☐ 在庫に極端な増減がある。
☐ 類似商品が多く出回っている。
☐ 荷動きに不審な点がある。
☐ 在庫管理が適正でない。
☐ 特定の取引先への安売りがある。
☐ 業種・取引高に不審がある。
☐ ダンピング、出血受注をしている。
☐ 商品が季節的要因に左右されやすい。
☐ 過大な設備投資がある。
☐ 過度な安売りをしている。
☐ 設備投資の分だけ売上が増えていない。
☐ 検収が甘くなっている。
☐ サービスがないがしろになっている。
☐ 原材料の入手に苦慮している。
☐ 得意先の安定度がない。
☐ 市場が限定（狭すぎる）されている。

133

- ☐ 単品技術を過信している。
- ☐ 押込販売をしている。
- ☐ 買い急ぎや売り急ぎがある。
- ☐ 仲間取引が急増している。

【財務・資金繰り】
- ☐ 売上高の横這い、減少が3年以上続いている。
- ☐ 3期連続の赤字となっている。
- ☐ 売上増に疑問がある（粉飾）。
- ☐ 財務諸表に急変がある。
- ☐ 売上に占める交際費が多い。
- ☐ 金利負担の増加に疑問がある。
- ☐ 1年以内に月商の2分の1位以上の焦げ付きが発生している。
- ☐ 借入金が月商の3倍以上である。
- ☐ 保証債務が目立って多い。
- ☐ 取引行との関係が悪化している。
- ☐ 取引銀行の格や数が適正ではない。
- ☐ 小口の支払いを手形で支払っている。
- ☐ 決済日が増加している。
- ☐ 仕入先からの受取手形がある。
- ☐ 手形が市中金融に流れている。
- ☐ 多重リースの疑いがある。
- ☐ 減価償却が適正ではない。
- ☐ 融通手形の噂がある。
- ☐ 税金の滞納がある。
- ☐ 当座預金の出入りに不自然な増減がある。
- ☐ 売掛金の回収サイトが長期化している。
- ☐ 商工ローン、消費者金融を利用しはじめた。
- ☐ 不動産の担保権者に個人名が入っている。
- ☐ 担保権者が目まぐるしく変わっている。

【その他】
- ☐ 本業外への投資が目立っている。
- ☐ 事務所やトイレが清潔ではない。
- ☐ 不審な人物が出入りしている。
- ☐ 同業者組合に参加していない。
- ☐ 政治家、芸能人、暴力団とのつきあいがある。
- ☐ 会議が急に多くなっている。
- ☐ 人材育成がないがしろにされている。
- ☐ 極端な経費節減をいい出している。
- ☐ 安易な転業をしている。
- ☐ 規模の割に子会社（関連会社）が多すぎる。
- ☐ 関連会社間での利益調整がある。
- ☐ 同業者や近隣での噂に不審なものがある。
- ☐ イメージ先行型の社名変更が頻繁にある。
- ☐ 広告の急増、激減、誇大広告がある。
- ☐ 強力なライバルが出現している。
- ☐ 商号変更や本店所在地の移転が多い。
- ☐ 扱い商品が目まぐるしく変化している。
- ☐ 取引先が急に変更されている。
- ☐ 構造不況業種である。
- ☐ 銀行や信用調査機関などへの照会が多い。
- ☐ 極端な秘密主義である。
- ☐ 社会的制約、法的規制が進んでいる業界である。
- ☐ 立地条件に不利がある。
- ☐ 海外進出がうまくいっていない。

第6章 "あぶない"という言葉のもつ意味

　この帝国データバンクのチェックリストを見てどのようなことに気付いたでしょうか？「数字」から読み取れること、すなわち【財務・資金繰り】に関する項目が意外と少ないということに気がつきましたか？
　社長や役員のプライベートな事柄や人となりに関わる話、また従業員が活き活きと働いているかどうかとか、提供する商品やサービスの魅力など…。皆さんが想定した「あぶない会社」に対する感覚は、実は非常に的を射たものであることがわかります。

　会計士も同じです。監査で会社にお邪魔しているわけで、基本的には会社の数字とにらめっこしている時間が非常に長いのですが、経験を積むにつれて、経営者や従業員の方々と雑談することが、いかに大切であるかを身に沁みて感じるようになりました。もちろん"経営者ディスカッション"といった正式な監査手続もあるのですが、そのような正式なものではなく、ちょっとした雑談、非公式なおしゃべりが非常に重要なのです。それはお互い信頼関係を築ければ、本音ベースで話をすることができるからです。
　少し横道に逸れますが、どんな仕事であれ、結局は"人としての魅力"が最終的な決め手になると思っています。"人間力"とでもいえばよいでしょうか。仕事がうまくいくかどうかを決めるのは、結局は相手に信頼をしてもらい、"この人に仕事を頼みたい""この人に仕事を任せたい""一緒に仕事をしたい"と思ってもらえるかどうかだと思うのです。

　このように考えてくると、決算書から読み取れる情報は、ほんの一部でしかないことがわかります。もちろん決算書の数字は客観的ですし、決算書の数値や分析指標は、非常に重要で示唆に富んでいます。会社の現状をよく示していますし、数字を使うことで期別比較や同業他社比較などの比較可能性が高まりますから、数字が共通言語としての役割を担っていることは疑う余地がありません。
　しかし数字だけに頼るのではなくて、会社を総合的に見渡して判断するくせ

をつけなくてはいけません。数字で表される定量情報と、自分の目で見て足を運んで収集してきたさまざまな定性情報（数字で表せない情報）とを上手に組み合わせていく力をつけることが、会社の本当の姿を見極めるための第一歩だと思います。何といっても、会社は生き物ですから。

> 会社の定量情報と定性情報とをバランスよく組み合わせて会社のことを理解しよう

コラム
"ああ、この会社だめだなあ…"と思うとき

　監査法人時代、私は会社の方々との"雑談"を大切にしていました。ちょっとした世間話をしたり、会社のなかを歩いたりするなかで、"ああ、この会社だめだなあ…"というシグナルに気付くことがあるのです。
　例えば、

- 社長が会社のなすべきこと、進むべき道について、しっかりとした熱いビジョンを語らず、昔の自慢話ばかりをする
- 社長が人の話（従業員の話、私の話など）を聞かない
- 皆が社長の顔色を伺っている
- 役員が多すぎる
- 業績が悪いことを、景気など外部要因のせいにして、前向きな反省ができない
- 社長の周りだけが豪華（社長室が妙に広い、社長室の設備が妙に豪華、分不相応な外車に乗っている、高級腕時計をしているなど）で、一方従業員の執務スペースが質素
- 蛍光灯が切れている、トイレが汚い、非常階段が汚い、整理整頓ができていない　など

　もちろん、これらがひとつでも当てはまったら即アウト、というわけではありません。何事も総合的に判断しなくてはいけませんが、こういった

兆候のある会社は、概して決算書の数字が良くありません。売上もいまひとつ、営業利益もいまひとつと空回りしているのです。社長も頑張っていないわけではない。でも周りはついてきていないし、組織のバラバラ感が感じられて、結局は結果を出せないのです。やはり会社は生き物だなあと思う瞬間です。

　「会社」はひとつの組織体ですが、そのなかには人がいるのです。当たり前のことですが、会社は人で成り立っている。社長がいて、従業員がいて、皆が集まって会社になる。「会社は営利を目的とした社団法人」ですからね。人の集まりなのです。

　ということはやはり、社長の明確なビジョンのもと、環境に柔軟に適応しながら、従業員が活き活きと働いている会社は、きっと本業のもうけ（営業利益）をしっかり上げることができるでしょう。歯車がかみあっているわけですからね。こういう会社はやっぱり「良い会社」であるといえるでしょう。

③ 「あぶない」を読み取ることはできるのか

　世間が「あぶない」という言葉を用いるとき、それは具体的には何を意味しているのでしょうか？多くのビジネス雑誌では、「倒産リスク」「倒産危険度ランキング」「ブラック企業の見抜き方」などというセンセーショナルな記事がよく目につきます。そもそも倒産の可能性などというものを事前に見抜くことはできるのでしょうか？

　実は倒産リスクを事前に計測するひとつの手法として、1968年、アメリカの経済学者エドワード・アルトマンが考案した「Zスコア」という指標があります。これは倒産危険度を短期の資金繰りの状態など、下記①〜⑤の５つの指標の合計値として計算しているものです。倒産リスクの高い会社ほど、この合

計値は低くなります。

> **Ｚスコア（倒産危険度）**
> ① （運転資本の増加分 / 総資産）× 1.2：短期の資金繰り
> ② （内部留保 / 総資産）× 1.4：利益の蓄積
> ③ （税引前営業利益 / 総資産）× 3.3：利益を生み出す効率
> ④ （時価総額 / 有利子負債）× 0.6：負債の負担
> ⑤ （売上高 / 総資産）× 1.0：売上を稼ぐ効率（総資産回転率）

　ここで注意しなくてはならないことは、このＺスコアで用いられている数値というものが、すべて過去の数値であるということです。そもそも財務諸表数値（決算数値）というものは、過去１年間の企業活動を数値に置き換えた写像であり、すなわち決算日までの１年間における経営成績と財政状態を示すものであるからです。

　単純に財務数値を読むだけでは、過去の事実しかわかりません。未来のこと、つまり今後会社がどのような環境に置かれ、この先どのようなリスクにさらされる可能性があるのか、またこれからどういう戦略を描いてどういう方向へ向かっていくのか、その将来像は財務数値だけでは読み取りにくいのです。

　繰り返しになりますが、過去の成績を示している財務数値だけではどうにもなりません。これは決して財務数値が役に立たないといっているわけではありませんが、読み取れる情報に限界があることもまた事実なのです。とするならば、何を見ればいいのでしょう。私たちはどうすればいいのでしょうか？

第3節
会計士が「あぶない」と判断するとき

1 会社更生法適用直前のJAL

　会計士が「あぶない会社」といったとき、それは決算書のどこを見て判断しているのでしょうか？まず、いわゆる経営指標に現れてくる「あぶない」の意味を、探っていきましょう。

　早速ですが、会社更生法適用直前のJALの決算書（貸借対照表）です。

●日本航空〈連結〉
財務諸表　連結貸借対照表
(単位：百万円)

	2002年度末	2003年度末	2004年度末	2005年度末	2006年度末	2007年度末	2008年度末
流動資産	530,322	519,076	683,174	687,319	707,311	810,315	487,029
固定資産	1,641,962	1,594,219	1,479,403	1,473,913	1,383,253	1,310,534	1,262,580
有形固定資産	1,382,615	1,322,281	1,191,744	1,152,762	1,116,391	1,037,117	1,031,021
航空機	915,938	872,256	814,760	791,098	742,545	721,967	723,590
無形固定資産	53,127	66,663	69,854	72,075	77,007	82,838	79,548
投資その他の資産	206,219	205,274	217,804	249,076	189,853	190,579	152,010
繰延資産	—	123	76	6	669	1,933	1,068
資産合計	2,172,284	2,113,418	2,162,654	2,161,240	2,091,233	2,122,784	1,750,679
流動負債	615,346	560,559	569,140	644,844	659,796	661,229	649,897
短期借入金	23,035	10,782	11,611	6,562	4,810	3,084	2,911
1年内に償還を要する社債	67,495	23,700	15,000	30,000	70,000	28,000	52,000
1年内に返済を要する長期借入金	127,537	118,545	110,636	113,045	110,549	130,335	128,426
固定負債	1,279,158	1,369,446	1,372,993	1,340,879	1,099,563	990,483	904,010
社債	218,700	225,000	310,000	280,000	130,229	102,229	50,229
長期借入金	864,385	936,390	862,223	800,001	705,957	651,416	567,963
退職給付引当金	143,670	163,128	149,665	139,753	129,061	95,485	94,911
負債合計	1,894,505	1,930,005	1,942,133	1,985,724	1,759,360	1,651,713	1,553,907
少数株主持分	23,522	24,139	25,774	27,449	—	—	—
資本金	100,000	100,000	100,000	100,000	—	—	—
資本剰余金	147,175	136,678	136,141	136,145	—	—	—
利益剰余金	23,481	△65,031	△34,978	△90,186	—	—	—
その他の剰余金等	△16,399	△12,373	△6,416	2,109	—	—	—
資本合計	254,256	159,273	194,746	148,066	—	—	—
負債、少数株主持分及び資本合計	2,172,284	2,113,418	2,162,654	2,161,240	—	—	—
株主資本	—	—	—	—	277,235	447,266	384,014
資本金	—	—	—	—	174,250	251,000	251,000
資本剰余金	—	—	—	—	79,096	155,836	155,806
利益剰余金	—	—	—	—	24,776	41,320	△21,874
自己株式	—	—	—	—	△887	△890	△917
評価・換算差額等	—	—	—	—	33,851	6,668	△209,358
その他有価証券評価差額金	—	—	—	—	3,557	2,578	△1,440
繰延ヘッジ損益	—	—	—	—	35,314	8,167	△201,816
為替換算調整勘定	—	—	—	—	△5,020	△4,077	△6,101
少数株主持分	—	—	—	—	20,785	17,136	22,115
純資産合計	—	—	—	—	331,873	471,070	196,771
負債及び純資産合計	—	—	—	—	2,091,233	2,122,784	1,750,679

2006年に会社法が施行された関係で、「純資産の部」が少しわかりにくいかもしれませんが、「利益剰余金」を追ってみてください。利益剰余金とは、会社設立以来の利益の留保でしたね。それがマイナスになっているということはどういうことでしょうか？

【Q】 利益剰余金がマイナスになるとはどういうこと？

　貸借対照表は、決算日時点の資産・負債・純資産の状況、すなわち会社の財政状態を示しています。もっといえば、会社にどのくらい体力があるのかを示しています。

　JALの場合、借入（負債）や出資（純資産の株主資本のうちの資本金・資本剰余金）などで得た資金により、飛行機（固定資産）を購入し、燃料（流動資産）を調達して人や荷物を輸送し、収益を得ます。利益剰余金は会社設立以来の蓄えですから、それがマイナスということは、大切な蓄えを食い潰してしまっている状況といえます。

　また2008年度末には、流動資産よりも流動負債のほうが多くなっています。これは「手元資金＋1年以内に受け取るお金」よりも、1年以内に支払うお金のほうが多いことを示します。個人でいえば「手元資金＋年収」よりも翌年の借金返済額が多いということです。非常に危険です。なんとか新たに資金調達を行わなくてはならないという状態にあったことがわかると思います。

　このように決算書はひとつの期間の絶対値をじっと見るのではなく、期別比較や同業他社比較をすることによって、さまざまな情報を得ることができます。数字は絶対値でなく、どういう変化をしているのか推移を見ることが大切です。

> 決算書の数字については期別比較や同業他社比較によって、その推移（変化、動き）を見よう！

　株主資本を主要項目とする純資産がマイナスになるということは、負債のほうが資産よりも大きい「債務超過」という危険な状態であるということです。

配当と当期純損失の計上により利益剰余金が減少し続けると、このままでは債務超過となってしまいます。これは会社の存続に危険信号が点っていることを示しています。

売上ただけでは取引は完結しません。債権を回収してはじめて取引が一巡します。そういう意味で得意先の財政状態をしっかり吟味する力をつけることは非常に大切なことです。

次に貸借対照表の利益剰余金の増減に大きな影響を与える当期純利益、すなわち損益計算書で計算される当期純利益を見てみましょう。利益剰余金がマイナスになってしまう原因が一目瞭然です。

●日本航空〈連結〉
財務諸表　連結損益計算書　　　　　　　　　　　　　　　　　　　　　（単位：百万円）

	2002年度末	2003年度末	2004年度末	2005年度末	2006年度末	2007年度末	2008年度末
営業収益	2,083,480	1,931,742	2,129,876	2,199,385	2,301,915	2,230,416	1,951,158
営業費用	2,072,891	1,999,387	2,073,727	2,226,220	2,278,997	2,140,403	2,002,043
営業利益	10,589	△67,645	56,149	△26,834	22,917	90,013	△50,884
営業外収益	59,249	43,024	64,446	26,378	33,834	20,825	31,341
営業外費用	53,998	47,317	50,790	41,152	36,175	41,021	62,634
経常利益又は損失	15,840	△71,938	69,805	△41,608	20,576	69,817	△82,177
特別利益	11,999	6,923	6,571	30,471	52,413	36,232	44,604
特別損失	23,758	17,134	31,710	35,303	20,933	76,217	21,440
税金等調整前当期純利益	4,081	△82,148	44,666	△46,440	52,055	29,832	△59,014
法人税、住民税及び事業税	8,100	8,854	7,897	8,419	9,953	4,897	3,181
法人税等調整額	△16,468	△3,092	4,251	△9,966	54,424	6,894	22
少数株主利益	804	709	2,420	2,350	3,945	1,118	977
当期純利益又は純損失	11,645	△88,619	30,096	△47,243	△16,267	16,921	△63,194

毎年、当期純利益ではなく当期純損失が計上されているのがわかるでしょうか？すなわち、経営活動の結果として損失を計上しているために、設立以来積み上げてきた利益剰余金を食い潰して、挙句の果てに利益剰余金がマイナスになっているのです。

2005年度末（平成18年3月期）には、自己資本比率が6.9％にまで落ち込んでいます。こういう場合、例えば特別利益を計上して自己資本比率の低下を防ぎたいところですが、その手段もなく、また財務状況の悪化から思うような追

加融資も引き出せず、非常に苦しい状況になっています。

　実はこの年のキャッシュ・フロー計算書を見ると、かなり深刻な状況であることがより鮮明に理解できます。「営業によるキャッシュ・フロー」といって、本業の稼ぎによって得られるキャッシュが実質マイナスになっている（非資金項目である減価償却費を含めればプラスになりますが、それを除くとマイナスになっている）のです。
　すなわち損益計算書を見れば本業でもうけが出ておらず（営業利益がマイナス）、キャッシュ・フロー計算書を見れば、本業から得られるキャッシュがマイナスであることがわかるのです（キャッシュ・フロー計算書の営業によるキャッシュ・フローが実質マイナス）。

　2007年度（平成20年3月期）に増資（優先株の第三者割当増資）が実行され、その株式発行収入で長期借入金の返済や社債の償還を行っています。それにより、自己資本比率は20％を超えるまでに改善しました。
　しかしその効果もつかの間、再び低空飛行となります。
　2008年度末（平成21年3月期）、損益計算書の営業利益（本業のもうけ）がマイナス、当期純利益もマイナス、加えて営業によるキャッシュ・フローも減価償却費を除けば実質マイナスになりました。企業年金の減額で880億円ほど特別利益を計上しようとしたのですが、当然のことながらOBの猛反対にあってその目論見も頓挫し、ついに2010年（平成22年）1月、会社更生法の適用となったのです。

　ちなみに当時の決算短信の「事業等のリスク」を読むと、非常に興味深いことがわかります。「事業等のリスク」として①中期経営計画、②負債及び資金調達、③当社グループの属するマーケットおよび国際情勢の変化による影響、④燃油価格および外国為替等の変動による影響、⑤運行・航空機、⑥法的規制の影響、⑦当社グループの情報システムへの依存及び顧客情報の取扱い、⑧温暖化防止等に係わる規制の影響が記載されているのですが、いずれも自責ではな

く他責の記載なのですね。つまり「外部環境が悪くなれば、当社も悪くなってしまう、それは仕方ないでしょう？」というトーンなのです。

例えば「内外の環境変化等が当該計画の達成に影響を及ぼす可能性があります」とか、「今後の税制及び会計制度の改正、金融市場等外部環境の変化、格付けの低下や業績不振による当社の信用力の低下等により、従来どおりの資金調達やリースの組成が困難となる場合には、当社グループの業績及び事業に影響を及ぼす可能性があります」とか…。

もちろん、そのとおりとは思います。確かにリスクには外部要因も多々あります。ただ、これら事業等のリスクに対して、どうも当事者的な意識が欠けるというか、果敢に立ち向かう具体的な施策に欠けるというか、他人事のように書かれているのが、会計士として非常に印象的です。

❷ V字回復を成し遂げて

その後の復活は、皆さんもご存知の方が多いでしょう。稲盛和夫氏のもと、JALはV字回復、再生しました。ではその直近の決算書を見てみましょう。

JALの連結売上・損益の状況

(単位：億円)

	平成21年3月期	平成22年3月期*1	平成23年3月期*1	平成24年3月期	平成25年3月期
売上高及び営業収入	19,511	—	—	12,048	12,388
営業費用	20,020	—	—	9,998	10,435
営業利益（損失）	△508	—	—	2,049	1,952
営業利益率	—	—	—	17.0%	15.8%
当期純利益（純損失）	△631	—	—	1,866	1,716
EBITDA ※	672	—	—	2,861	2,762
EBITDAR ※	1,668	—	—	3,184	3,071

- ※金額については切捨処理をしております。
- ※ EBITDA＝営業利益＋減価償却費
- ※ EBITDAR＝営業利益＋減価償却費＋航空機材賃借料

*1 平成22年3月期および平成23年3月期は更生手続に伴う変則的な事業年度のため比較可能な決算値はありません。

まず売上高を見てみましょう。単純に絶対値の推移をとると、更生前の6割強のボリュームです。もし「増収増益が成長企業の鉄則」などと覚えている方がいらしたら、ここでアウト！となってしまうかもしれません。でもこの本を読み進めてくださっている皆さんは大丈夫ですね。何事も総合的に判断する目を養っていると思います。

となると、どこに着目しますか？まずひとつは、営業利益（本業のもうけ）がプラスででていること。そしてもうひとつ、営業利益率が17.0％、15.8％と高水準であることです。

同業他社のANAと比較してみましょう。

ANA 売上高など

(単位：億円)

	平成24年3月期	平成25年3月期	平成26年3月期
売上高	14,115	14,835	16,010
営業利益	970	1,038	659
営業利益率	6.9%	7.0%	4.1%
自己資本比率	27.4%	35.9%	34.3%

現状では売上規模こそANAのほうが大きいといえますが、本業のもうけである営業利益が売上のどのくらいを占めるかを示す営業利益率は、新生JALのほうがANAの倍になっています。もちろんこの背景には、JALが現状優遇措置の途上にあり、さまざまなメリットを受けていることは差し引いて考えなくてはいけません。

同様に、資産の有効活用の度合いを示す総資産回転率（売上高／資産）を比較してみましょう。

平成25年3月期　（単位：億円）

JAL　　（12,388/12,166）×100＝ 101.8％

ANA　　（14,835/21,372）×100＝　69.4％

平成26年3月期（単位：億円）
JAL 　　（13,093/13,401）×100＝　97.7％
ANA 　　（16,010/21,736）×100＝　73.7％

もちろんJALは再生途上にあり、現段階ではANAに比して優遇措置を受けている状況です。とはいえ報道にもありましたように、多くの早期退職者を募り、保有している資産、負債のスリム化を経て、いかにJALがスタイル良く無駄な贅肉をそぎ落とした体型に生まれ変わったかが十分にお分かりになるでしょう。

続いて、JALの資産の状況です。

JALの連結資産の状況

（単位：億円）

	平成21年3月期	平成22年3月期[*1]	平成23年3月期[*1]	平成24年3月期	平成25年3月期
総資産	17,506	—	—	10,876	12,166
純資産	1,967	—	—	4,138	5,831
有利子負債	8,087	—	—	2,084	1,601

こちらからも、総資産の減少（貸借対照表のボリューム自体の減少）、有利子負債の大幅な減少（会社更生法直前と直近を比較すると、実に20％以下にまで減らしています）、その結果としての自己資本比率の大幅な増加がうかがえます。

会社更生法直前の自己資本比率が11.2％だったのに対して、直近は47.9％という驚異的な数字をたたき出していますね。ここでも同様に、優遇措置の途上であることを加味して考えなくてはいけませんが、稲盛会長のもと、JALに残られた方々の"生まれ変わろう"とするエネルギーなくして、この数字は達成することはできないと思います。もちろん、この指標が今後どうなっていくかを注視しなくてはいけませんけれども。

最後に JAL のキャッシュ・フローの状況です。

JAL のキャッシュ・フローの状況 (単位：億円)

	平成21年 3月期	平成22年 3月期*1	平成23年 3月期*1	平成24年 3月期	平成25年 3月期
営業活動によるキャッシュ・フロー	317	—	—	2,566	2,648
投資活動によるキャッシュ・フロー	△1,056	—	—	△1,472	△2,644
財務活動によるキャッシュ・フロー	△1,167	—	—	△2,744	△606

本業によりキャッシュ・フローを生み出していることがよくわかりますね。「営業によるキャッシュ・フロー」が十分なプラスであり、それをもとでに投資活動をしたり、財務活動をしていることが読み取れます。

このようにキャッシュ・フローの動きを見るだけでも、随分と健全な会社に再生したことが、理解できます。

コラム 倒産した JAL を救った会社更生法の話

第1章でゴーイングコンサーンの話をしました。第2章でも、倒産すると大変、だからまずは財務安全性を検証しよう、という話をしました。でも実は「倒産すると即会社が消滅」ではないのです。JAL が良い例です。会社は倒産しても、飛行機は飛び続けました。会社が存続していたのです。それは一体なぜでしょうか。

2010年1月19日、日本航空（JAL）は東京地裁に会社更生法の適用を申請し、受理されました。当時私は監査法人に勤めていて、監査法人の執務エリアでそのニュースを知りました。慌しく対応する JAL チーム（監査はチームで行うので、会社の名前を冠して○○チームと読んだりします）を横目で見ながら、"あぁ、とうとうこの日が来たなあ"と。

負債総額は2兆3221億円です。2兆円の大きさがイメージできるでしょうか？JALが会社更生法の適用を申請する直前の数年間、毎年の売上高（営業収益）がほぼ2兆円でした。年間の売上高と同程度の負債を負っての倒産です。事業会社としては戦後最大級、負債の多い金融業を含めると戦後4番目の大型経営破たんとなりました。

　経営に行き詰まって会社更生法が申請されたので、会社更生法の申請は「倒産」とみなされます。しかしJALは存続して飛行機を飛ばし続けました。倒産したからといって会社がなくなってしまうわけではないのですね。

　「倒産」とは、一般的には「企業経営が行き詰まり、弁済しなければならない債務が弁済できなくなった状態」を指します。具体的には、以下にあげる6つのケースのいずれかに該当すると認められた場合を「倒産」と定め、これが事実上の倒産の定義となっています。
　（1）2回目の不渡りを出し銀行取引停止処分を受ける
　（2）私的整理をする（代表が倒産を認めたとき）
　（3）裁判所に会社更生法の適用を申請する
　（4）裁判所に民事再生法の手続き開始を申請する
　（5）裁判所に破産を申請する
　（6）裁判所に特別清算の開始を申請する
　このうち（1）（2）が「任意整理」、（3）～（6）を「法的整理」といいます。「任意整理」とは、倒産会社と債権者の任意の話し合いにより、会社の資産・負債などが整理されるものをいい、その際、裁判所の法的な拘束を受けることはありません。一方「法的整理」とは裁判所の関与と監督のもとで、整理が行われるものをいいます。
　また、倒産は会社を清算（消滅）させる"清算目的型"と、事業を継続しながら債務弁済する"再建目的型"に分けられます。清算目的型は会社をたたんでしまうものであり、「破産」「特別清算」、大部分の任意整理、一

方の再建目的型は自主再建を目指すものであり、「会社更生法」「民事再生法」、まれに任意整理の一部です。

　ここでJALが申請した会社更生法について見てみましょう。

「会社更生法」
　申請の対象は株式会社のみで、会社が消滅すると社会的に大きな影響のある上場企業や大企業の倒産に適用されることが多い。旧経営陣は原則としてその後の経営に関与できなくなるが、経営責任のない場合に限り、経営に関与することができる。
　裁判所は「更生手続の開始決定」と同時に管財人を選任し、事業を継続しながら管財人の下で「更生計画」が作成される。更生手続をうまく進めるためには事業管財人（事実上のスポンサー）の選任が鍵を握っており、その後の更生計画遂行がすべてを決めるといっても過言ではない。手続が厳正・厳格に行われるため、かつては手続終結までに長期間を要していたが、2003年4月、民事再生法を踏まえ、手続の迅速化・合理化を図るため、改正会社更生法が施行された。

　なるほど確かに、JAL再生のために経営陣が刷新され、稲盛和夫氏が立ち上がって会社更生計画が策定され、大鉈をふるって経営再建を図るとともに、JALフィロソフィーを作成して全社員に浸透させました。JALの社員の方々に伺うと、稲盛氏の熱い想いは全社員にしっかりと受け継がれ、その経営理念は現在も脈々と引き継がれているといわれています。
　会社更生法は再建を目的としたものですから、JALは当然存続します。ただし本当に再建できるかどうかは、その後の動向しだいなのです。

　では、会社更生法の適用を申請すると、何が起こるのでしょうか？簡単にいってしまえば、「もはや自力で債務を弁済できないので免除してくだ

さい」とお願いすることを意味します。「自主再建を頑張りますから、借金をまけてください、勘弁してください」とお願いすることなのです。

「借金をまけてくれ」といわれてびっくりするのは誰でしょうか。まず銀行。銀行は会社にお金を貸しています。そのお金を返さなくていいですか？と聞かれているのです。

そして取引先。取引先からしてみれば、売上債権（商品、サービスを販売したことにより得る対価）を回収できないおそれがあります。モノはJALに売ったけど、その代金は払えませんといってきているのです。

さらに株主。株主は会社のオーナーです。株式が紙切れ（無価値）になる可能性があれば慌てますよね。出資金までの有限責任とはいえ、出資金を回収できなくなるわけですから。

このようにJALに対する債権（JALにとっては債務）を、原則として「平等」に何割か切り捨てます。ただし事業継続に不可欠な債権については切り捨ての対象となりません。再建を目指すことができなくなってしまうからです。その分金融債権が切り捨てられるのです。

もしあなたが会社の営業職だったなら…。あぶない会社の臭いを嗅ぎ分け、取引先の倒産情報をつかんだならば、すぐに自分の会社の法務部門などに相談をする必要があるでしょう。法的整理が始まる前に、法律的に問題のない手法で、できるだけ早く商品や債権を撤収しなくてはいけません。こういうときは時間との戦いなのです。

第4節
決算書の着目ポイント

1 決算書の不正とは

　ここまで読み進めていただいた皆さんはおわかりだと思いますが、会計士は定量情報だけで「あぶない」という判断をしているわけではありません。定量情報と定性情報を巧みに操りながら「あぶない」という兆候を嗅ぎとっているのです。

　公認会計士（監査法人を含む）の主たる仕事である財務諸表（決算書）の監査（公認会計士監査）は、財務諸表の信頼性を担保するための制度であり、「不正」を暴くことを目的としているわけではないのです。これを世にいう「期待ギャップ」といいます。

　平成26年春に日本公認会計士協会によって行われた「監査業務と不正等に関する実態調査」においては、回答者である会員登録後10年以上の会計士のうち、約半数が「監査業務を通じて不正な財務報告等に遭遇した」と回答しています。個人的には半数しかいないのか？という気もしますが、おそらく、職業的専門家である会計士の負う守秘義務は非常に重いため、答えられない（回答留保の）ケースが多々あったのだろうと思います。

　この「不正」という言葉の定義にはさまざまなものがありますが、会計士の考える「不正」とは財務諸表監査（公認会計士監査）において重要な虚偽の表示の原因となる不正です。不当または違法な利益を得る等のために他者を欺く行為を伴い、経営者、従業員等または第三者による意図的な行為を意味します。企業会計審議会監査部会によって平成25年3月に設定された「監査における不正リスク対応基準」においても、不正による財務諸表の重要な虚偽表示のリスクを「不正リスク」と定め、財務諸表の重要な虚偽表示と無関係の不正は対象

としていないのです。

　アメリカの組織犯罪研究者ドナルド・R・クレッシーの提唱した「不正のトライアングル」に基づいて「不正リスク要因」を考えますと、以下のような典型的な事例があげられます。

1．動機・プレッシャー
　①財務的安定性または収益性が、脅かされている
　　（例）・利益は計上されているが、営業活動によるキャッシュ・フローが生み出せていない
　　　　　・技術革新、製品陳腐化、利子率等の急激な変化・変動に十分に対応できない
　②経営者が、第三者からの期待または要求に過大なプレッシャーを受けている
　　（例）・経営者の非常に楽観的なプレス・リリース等により、証券アナリスト、投資家、大口債権者等が企業の収益力や継続的な成長について過度のまたは非現実的な期待をもっている
　　　　　・取引所の上場基準、債務の返済またはその他借入に関わる財務制限条項に抵触しうる状況にある
　③企業の業績が、経営者または監査役等の個人財産に悪影響を及ぼす可能性がある
　　（例）・経営者または監査役等が企業と重要な経済的利害関係を有している
　④経営者、営業担当者、その他の従業員等が、売上や収益性等の財務目標の達成に、過大なプレッシャーを受けている

2．機会
　①企業が属する産業や企業の事業特性が、不正な財務報告にかかわる機会を

もたらしている
　　（例）・関連当事者との重要な取引が存在する
　　　　　・重要性のある異常な取引、または極めて複雑な取引、特に困難な実質的判断を行わなければならない期末日近くの取引が存在する
　　　　　・明確な事業上の合理性があるとは考えられない特別目的会社を組成している
　　　　　・業界の慣行として、契約書に押印がなされない段階で取引を開始したり、また正式な書面による受発注が行われる前に担当者間の口頭による交渉で取引を開始・変更したりすることがある
②経営者の監視が、有効でない
　　（例）・経営が1人または少数の者により支配され統制がきかない
③組織構造が、次のような状況により複雑または不安定である
　　（例）・異例な法的実体または権限系統等、極めて複雑な組織構造である
④内部統制の不備がある
　　（例）・会計システムや情報システムが有効に機能していない

3. 姿勢・正当化
　　（例）・経営者が、経営理念や企業倫理の伝達・実践を効果的に行っていない、または不適切な経営理念や企業倫理が伝達されている
　　　　　・経営者が監査に非協力的である

　決算書には「不正リスク要因」が潜んでいます。そのため会計士は、企業及び企業環境の理解に努め、内部統制や事業上のリスクを勘案し、財務諸表の各項目について重要な虚偽表示のリスクの有無を評価し、財務諸表全体について不正リスク要因の検討や適切な識別を行っているのです。決算書の数字の根拠や背景となっている環境を分析し、非常に大局的な観点から数字を鳥瞰しているのです。

このように公認会計士監査は、あくまでも財務諸表の信頼性を担保するための制度であり、「不正」を暴くことを目的としているわけではありません。しかし、財務諸表の信頼性・適正性を表明するためには、会社が「(おおよそ)あぶなくない」ということについての心証を得なくてはいけませんから、こうした「不正」を発見する目は養われます。

ここであえて(おおよそ)と書いた理由は、会社の監査はあくまで試査(サンプリング)によるものであって、精査(すべて見る)ではないということを意味します。

さて以下に、会社が「(おおよそ)あぶなくない」という心証を得るための着眼点をあげておきましょう。外部からでは情報の入手にかなりの制限がありますが、なるほど会計士はこのような見かたをしているのだなと感じていただければと思います。

2 決算書を見る5つのポイント

会社の本業が明確にわかること、経営者がビジョンを掲げ、地に足のついた経営をするということは非常に重要なことです。そもそも屋台骨が傾いてしまっている会社は、普通に「もしかしてあぶない？」とわかるので、以下のポイントは、あくまでも一見は「いい会社」に見えるという仮定で読み進めてみてください。

Point 1 大前提！財務情報の信頼性の確認

財務情報が信頼できるものであるかを確かめるために、分析に入る前提として、入手したデータの完全性、正確性を確認します。つまり具体的にはフッティング(合計額が合っているか再計算)、作成日付や出力日付の妥当性の確認などを行います。なぜそのようなことを行うのでしょうか。

理由は簡単です。人間はいい加減なもので、綺麗に打ち出された帳票類は正しい、間違っていない、と思い込んでしまうのですね。だからまず、タテ計、ヨ

コ計の合計チェックをします。会計士のもつ職業的懐疑心というものです。あぶない会社は、こういうところから「あぶない」のです。

Point 2　分析的手続

・趨勢（推移、大きな流れ・傾向）を見る
・指標や比率を分析する
・期別比較や同業他社比較、業界平均値との比較を行う
・オーバーオールテスト（合理性テスト）を行う

　大局的な視点で見た流れや傾向を分析します。異常な変動があった場合その理由がつけば問題ありませんが、理由が分からない場合は、より詳細な検証が必要です。異常な変動を見つけるためには、その情報が入手可能であることを前提として、企業全体よりもセグメントなどのより小さい単位での分析ができることが望ましいです。

分析ポイント例①売上について

　不正な財務報告の代表は売上高の操作です。損益計算書の先頭である売上をいじらなければ、利益も上がりません。

　そこで全体的な趨勢を把握するために売上高、売上原価、売上総利益等の分析をします。経営者の関与する粉飾決算では、特定の拠点や部門を利用するでしょうから、拠点別、部門別など適切なサイズにブレークダウンした分析ができるとより望ましいでしょう。期別比較の際にはカットオフと言って、期をまたいだ売上戻しや返品がないかを確かめることも大切です。

　また売上に強いプレッシャーを感じて売上操作を行なう場合、架空だけではなく、特定の関係会社や親密な取引先を相手とする取引を行う場合もありますから、取引先別の売上高の分析も有効です。さらに売上が水増されると滞留売掛金が発生し、売上総利益率が低下しますから、売掛金や利益率の分析もあわせて行います。

分析ポイント例②貸付金について

　貸付金の異常増減も要注意です。これはまず、過去に発生した投資上の損失や売上操作の隠蔽の可能性があります。なぜなら、押し込み販売や不良在庫を押し込んでいた取引先に対して、その資金を提供している可能性があるからです。また「飛ばし」と呼ばれる損失隠蔽のための投資もあります。

　また、新規事業を装って貸付を行い実際に外部へ資金流出をさせ、その後貸倒損失を計上し、最後は社内の不正関与者に資金を還流させる横領もあります。

　したがって貸付金などに異常増減が見られた場合には、発生時点に翻って入出金を分析し、資金使途を把握する必要があります。

分析ポイント例③利益とキャッシュ・フローの関係について

　粉飾決算による利益の計上は、資金の裏付けを伴いません。その結果、利益とキャッシュ・フローの関係にゆがみがでてきます。例えば架空売上、架空在庫、押し込み販売、仕入債務の非計上などにより、営業利益が黒字でも、営業活動によるキャッシュ・フローがマイナスになったりすることがあります。

分析ポイント例④回転期間分析について

　売上債権、仕入債務、棚卸資産の回転期間分析も有効です。例えば架空売上の場合、滞留売掛金が発生しますから、本来２ヶ月分の売掛金残高が異常に増加したりします。

分析ポイント例⑤オーバーオールテスト（合理性テスト）について

　利息や減価償却費の計上額と資産・負債残高との妥当性を計算する手法です。推定値と実際の金額を比較することによって、異常が

ないことを確かめます。例えば横領発覚をおそれて期末に資金を一時的に返却したとしても、預金の期中平均残高から算定した推定利息と実際の利息とに乖離があれば、何らかの異常とわかります。また出荷を伴わない架空売上や、預けている在庫の売上計上などでは、売上高と運送費、在庫金額と倉庫保管料などの関係に異常がでてくることが考えられます。

【財務分析のイメージ図】

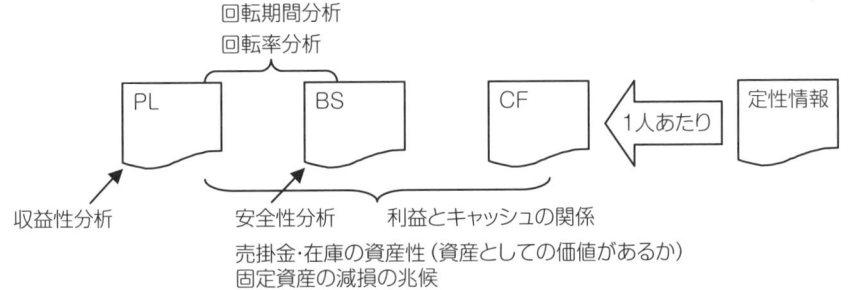

```
        回転期間分析
        回転率分析
       ┌──┴──┐
  PL    BS    CF   ⇐1人あたり  定性情報
  ↑     └─┬─┘ └────┬────┘
収益性分析  安全性分析  利益とキャッシュの関係
       売掛金・在庫の資産性（資産としての価値があるか）
       固定資産の減損の兆候
```

Point 3 　定性情報

　有価証券報告書や決算短信に記載されているさまざまな定性情報についてはすでに説明してきましたが、ここでは「継続企業の前提に関する疑義の注記」「重要な後発事象」「重要な偶発事象」についてふれておきましょう。

　まず「継続企業の前提に関する疑義の注記」とは、業績の急激な悪化や売上高の大幅減など、その会社の存続が危ぶまれると監査法人が判断した際に、決算書において記載される当該事項をいいます。例えば「債務超過」「○期連続営業赤字」「主要顧客倒産」「財務制限条項抵触のおそれ」「債務免除の要請」「売上の大幅減少と多額の損失計上」「多額の有利子負債により資金繰りに懸念」「巨額な損害賠償金負担の可能性」など。増資やリストラなどの具体的な打開策があって、状況が解消されれば記載を免れることができますが、それこそ経営者

と監査法人がしのぎを削って争う論点のひとつです。経営者としてはそういったことは書きたくないですから。

　また、もしこのような事象（例えば火災による重大な損害の発生、多額の増減資、合併、係争事件の発生、主要取引先倒産など）が決算日後に発生し解消の見込みがないのであれば、「重要な後発事象」として決算書に記載をします。加えて「事業等のリスク」の箇所にも記載がなされます。なぜなら将来の財政状態、経営成績を理解するための補足情報として有用だからです。さらに、会計士の作成する監査報告書においても強調して追記がなされることがあります。

　一方「重要な偶発事象」とは、利益または損失の発生する可能性が不確実な状況が決算日現在すでに存在しており、その不確実性が将来事象の発生することまたは発生しないことによって最終的に解消されるというものであり、同様に決算書に記載がなされるとともに、会計士の作成する監査報告書においても強調して追記がなされることがあります。

Point 4　全社的な観点からの内部統制レビュー

　会社が内部統制を良好に整備し運用しているのであれば、不正リスクの多くを予防し発見することができるはずです。

❶統制環境

- 経営者は信頼性のある財務報告を重視し、財務報告に関わる内部統制の役割を含め、財務報告の基本方針を明確に示しているか
- 適切な経営理念や倫理規程に基づき社内の制度が設計・運用され、原則を逸脱した行動が発見された場合には、適切に是正が行われるようになっているか
- 経営者は問題があっても指摘しにくい等の組織構造や慣行があると認められる事実が存在する場合に、適切な改善を図っているか
- 経営者は従業員等に職務の遂行に必要となる手段や訓練等を提供し、従業員等の能力を引き出すことを支援しているか

・従業員等の勤務評価は公平で適切なものとなっているか　など

❷リスクの評価と対応

・信頼性のある財務報告の作成のため、適切な階層の管理者を関与させる有効なリスク評価の仕組みが存在しているか

・経営者は組織の変更やITの開発など、信頼性のある財務報告の作成に重要な影響を及ぼす可能性のある変化が発生する都度、リスクを再評価する仕組みを設定し、適切な対応を図っているか

・経営者は不正に関するリスクを検討する際に、単に不正に関する表面的な事実だけでなく、不正を犯させるに至る動機、原因、背景等を踏まえ、適切にリスクを評価し対応しているか　など

❸統制活動

・経営者は信頼性のある財務報告の作成に関し、職務の分掌を明確化し、権限や職責を担当者に適切に分担させているか

・統制活動に関わる責任と説明義務を、リスクが存在する業務単位または業務プロセスの管理者に適切に帰属させているか

・統制活動を実施することにより検出された誤謬等は適切に調査され、必要な対応がとられているか

・統制活動はその実行状況を踏まえて、その妥当性が定期的に検証され必要な改善が行われているか　など

❹情報と伝達

・信頼性のある財務報告の作成に関する経営者の方針や指示が、企業内のすべての者、特に財務報告の作成に関連する者に適切に伝達される体制が整備されているか

・内部統制に関する重要な情報が円滑に経営者および組織内の適切な管理者に伝達される体制が整備されているか

・経営者、取締役会、監査役または監査委員会及びその他の関係者の間で、情報が適切に伝達・共有されているか

・内部通報の仕組みなど、通常の報告経路から独立した伝達経路が利用

できるように設定されているか
・内部統制に関する企業外部からの情報を適切に利用し、経営者、取締役会、監査役または監査委員会に適切に伝達する仕組みとなっているか　など

❺モニタリング
・日常的モニタリングが企業の業務活動に適切に組み込まれているか
・モニタリングの実施責任者には、業務遂行を行うに足る十分な知識や能力を有する者が指名されているか
・企業の内外から伝達された内部統制に関する重要な情報は適切に検討され、必要な是正措置がとられているか
・内部統制に関わる重要な欠陥等に関する情報は、経営者、取締役会、監査役または監査委員会に適切に伝達されているか　など

❻ITへの対応
・経営者は内部統制を整備する際にIT環境を適切に理解し、これを踏まえた方針を明確に示しているか
・ITを用いて統制活動を整備する際には、ITを利用することにより生じる新たなリスクが考慮されているか　など

　このような会社内部の深い情報については外部からは見えないものが多くなります。その会社を担当する会計士であれば、もちろんこうした深い情報までチェックできるのですが、さすがに皆さんが取引先などをチェックするときにここまでの情報をチェックするのは難しいでしょう。ここでは、会計士がこういう観点で内部統制をチェックしているのだという雰囲気だけでも味わっていただけたらと思います。会計士の実施する監査手続のなかに「経営者ディスカッション」というものがあるのですが、そのような手続を通じて、上記にあげたような項目の心証を形成していくのです。

> 内部統制を構築する責任を負っているのは経営者である
> 経営者による不正は内部統制を無効化するものであり、この全社的な観点からの内部統制レビューでは太刀打ちできない

Point 5　結局は最後は人！

　私が以前お邪魔していたクライアントの話です。内部統制制度が導入される以前ですから、かなり昔の話ですね。

　その会社はワンマンな社長でしたが、一代で上場まで登りつめた勢いのあるメーカーでした。社長は毎朝一番に、社員の誰よりも早く出社します。そして、社長椅子の後ろにある大きな金庫を開けて、まず現金や株券を数えます。当たり前ですが、昨夜閉めた帳簿と今朝も現物が合致しています。なぜなら毎日、社長が一番最後、すべての業務が終わり帳簿が締まったことを確認して、施錠して帰るからです。

　3月末の決算を控えた2月上旬のことでした。そろそろ決算に向けていろいろ話を詰めていく段階になって、なんと経理部長が退職してしまったのです。理由は、社長に何か物申したのでしょうね。社長に楯突いた形になってしまい、辞めさせられてしまったのです。

　これは大変。1ヶ月後に控えた決算の資料は誰が作るのでしょう。小さな会社でしたから、辞めてしまった経理部長以外の経理メンバーは会社全体の経理知識に乏しく、とても心もとない。でも社長は平然としています。新たな経理部長を雇い入れる気配もない。

　ところがなんと、決算資料がきちんと出てくるのです。何が起きたのかと思えば、社長の腹心の部下である監査役が決算数値を作っているではないですか！
　ちょっと、待った！それはダメ！
　監査役は取締役の職務の執行を監督する役割です。決算資料を自ら作ってしまっては、自分で自分を評価することになるから法律違反なのです。

この会社は他にもいろいろ事件がありました。取締役会決議を経ないで重要事項の決定（例えば重要な借入）をしてしまったり、取締役会議事録を作っていなかったり。そもそも社長がワンマンで決めてしまうので、取締役会が開かれていなかったのです。悪いことをしようと思ってしているというよりも、単純に法令を知らないレベルでの法令違反でしたが、ダメなものはダメといわざるをえません…。

　会社は人で成り立っています。ですから公認会計士監査においても、結局は目の前にいる人が信頼できるかどうかがすべてだったように思います。何事もそうかもしれませんが、「あなたが仰ることだから、信じましょう」の世界なのですよね。監査はグレーゾーン、白黒つけられない判断の世界です。判断が必要だからこそ、会計士という専門家がいるのです。

　監査の世界を離れたいまも感じることは、決算書の数字は、会社のほんの一側面でしかすぎないということです。確かに「写像」として１年間の財政状態と経営成績を示しています。でもそれは、数字の世界であって、数字で表現できないことは捨象されている世界なのです。
　例えば、会社にとって社員は、無限のポテンシャルを有している財産です。でも決算書には「給与・賞与」という人件費（コスト）しか載りません。会社が負担しているコストしか載せられないのです。会社の勢いとか、将来像とか、会社を取り巻くリスクとか…。数字は事実ではあるけれど、事実以上でも以下でもないのです。

　とするならば、やはり定量情報で事実をつかんだ上で、定性情報を用いてどこまでイメージを膨らませることができるかどうかが、会社の本当の実力、生身の姿、時間的空間的な広がりをもった立体像をつかむために不可欠であるといえるのでしょう。
　会社は生きています。なぜなら、会社を作っているのは、生身の人間ですから。

コラム 「ブラック企業」という言葉について思うこと

　いまや、すっかりお馴染みになってしまった「ブラック企業」という言葉。激務の割に低賃金。連日の残業代もきちんと支払われず、過大なノルマと軍隊のような社風。猛烈でスパルタな指示命令の出し方や、怒声罵声の飛び交う劣悪な労働環境。その結果、心を病んで離職する人が後を絶たないため、また新たに人を雇い入れる。雇っては辞められ、また雇っては辞められる…。どんどん人を使い捨てる。

　この「ブラック企業」という言葉が生まれたのは2000年ごろといわれています。もとはネット上で使われていた言葉でしたが、現在では新聞や雑誌でも、普通に見かける一般用語になりました。加えていまでは、違法な労務管理上の問題がある会社ばかりでなく、若者が"働きにくい"と感じた職場まで「ブラック企業」呼ばわりされるようになってしまいました。

　こうなると問題は「レピュテーションリスク」です。手軽な情報交換のできるSNS（ソーシャルネットワーキングシステム）に乗った情報は瞬く間に拡散しますから、会社にとってはたまったものではありません。悪い噂ほどあっという間です。特に最近、流通・外食産業の人手不足は深刻です。そこにSNSなどで労働環境が劣悪な「ブラック企業」という風評が広がってしまうと、人材確保に深刻な影を落とすことは間違いありません。

　先般、ワンオペレーション経営（店舗を1人で運営）により利益率を上げてきた牛丼チェーン店が、人手不足により営業休止に追い込まれました。ネットで誰かが書き込むと、次の日にはその会社がブラック企業との評価を受けてしまうほど、現在はネットの風評に左右されてしまう深刻な雇用状況にあるのです。

　確かに世の中には、人をこき使うだけこき使って、使えないとわかったらあっという間に切り捨てるような、劣悪な会社があることも事実です。

しかし、私は「ブラック」（悪い）な会社にも、「ホワイト」（良い）な側面があると思いますし、世間的には「ホワイト」と思われている会社のなかにも、「ブラック」な職場はあると思うのです。多かれ少なかれ、程度の差だと思うのです。

　繰り返しになりますが、「良い」「悪い」はあくまでもその人それぞれの価値観です。与えられた環境のなかで、自分の限界まで頑張ってみる経験も大切だと思いますし、若いうちはがむしゃらに働いて働いて、見えてくるもの得られるものもあるでしょう。学生から社会人になって、仕事が本当に楽しいと思えるまで、私は最低でも５年はかかると思います。そしてその道で一人前になるまでに、もっと多くの時間を要すると思うのです。ですから、20代で転職をしてしまった場合、もったいないなあと感じますし、厳しい見方からすれば、その職場を「前職」と語ることはできないと考えています。

　ただ情報が破壊的に拡散しパンデミックを起こしかねない現状では、その対策を練っておくことも会社にとっては大切なリスクマネジメントです。こうした情報によって企業がイメージダウンを受けることは避けられませんし、火のないところに煙は立ちませんから、全くのデマだとは、世間に思ってもらえないからです。

　私が就職するころにも、「ブラック」という言葉こそありませんでしたが、「モーレツ」という言葉はありました。法律にふれてはなりませんが、厳しい社風で離職率の高い職場は今も昔もあります。とするならば、会社としては「ブラック」という言葉に必要以上に過敏になる必要はないと思います。ノルマが厳しい職場であるとか、特殊な技能を要するとか、英語が堪能であれば給料を上げる、できなければ給料は低いままとか、会社の実態、ほしい人材を明確にして募集したほうが、期待ギャップを生まない分、お互いにハッピーだと思っています。

第7章

「不正」の考察

「不正」とは何か?
人はどうして「不正」を犯してしまうのか?

公認不正検査士の観点からみた「不正」についてお話します。

第1節
公認不正検査士という仕事

　世間的には非常にマイナーですが、ACFE（公認不正検査士協会）が認定する「公認不正検査士」という資格があります。「会計」、「法律」、「不正調査」、「犯罪学」の４分野についてトレーニングを積み、不正の防止、発見、抑止という不正対策に高い専門知識を有するプロフェッショナルであり、組織内の不正撲滅への取り組みにおいてリーダーシップを発揮する存在です。

　不正対策を強化するためには、①不正を犯す動機や②機会、③不正行為の正当化という３つ不正リスク要因を理解しなくてはなりません（詳細は後述）。経営者が中心となって構築する内部統制は、主として不正の機会を最小化しますが、動機や正当化など人間の心がもたらすリスクは抑止しきれず、それゆえ不正を根絶することはできません。

　すなわち不正対策の有効性を高めるためには、内部統制による不正の未然防止に努めつつ、不正の具体的手法や不正リスク顕在化の兆候への理解を深めて、疑惑が生じたときに迅速かつ的確な調査を進められるような体制を構築しておく必要があるのです。

　公認会計士の行う「監査（Auditing）」と公認不正検査士の行う「不正調査（Fraud Examination）」の関係は以下のようになります。

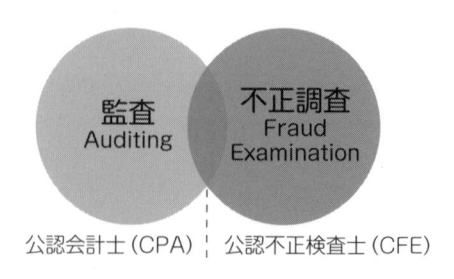

監査　　　不正調査
Auditing　Fraud Examination

公認会計士（CPA）　公認不正検査士（CFE）

第7章 「不正」の考察

　公認不正検査士とは、イメージとしては、監査および会計の専門家である会計士と法律の専門家である弁護士、そして警察という3つのプロフェッショナルを結びつける資格ということができます。それぞれの専門性に印をつけて、3者の関係をざっくり図示すると以下のようになります。

◎：専門、得意分野
○：専門ではないが期待されている分野
△：実務のなかで必然的に関わる分野
×：おそらく関わらない分野

	会計	法律	不正発見・調査	犯罪捜査
公認会計士	◎	△	○	×
弁護士	△	◎	△	×
警察	×	△	×	◎

　つまり公認会計士は数字（会計）に強く、弁護士は法律に強い、当然のことながら警察は犯罪捜査の専門家。逆をいえば、それ以外の分野は専門ではないため、不勉強であるとわからないことも多いのです。その一方で不正発見のためには「会計」「法律」いずれにも詳しい必要があり、また被疑者にアプローチして面談をする手法など、かなり特殊な能力も要します。
　そこで公認不正検査士が登場します。公認不正検査士は広く浅くではありますが「会計」、「法律」、「不正調査」、「犯罪学」の4分野を学んでおり、不正の防止、発見、抑止という不正対策に高い専門知識を有するプロフェッショナル集団です。公認会計士や弁護士が実務上の要請から、セカンド資格として有していることが多いです。

第2節
会社における不正

① 「コンプライアンス」という言葉

　「コンプライアンス」という言葉をご存じでしょうか？講義で問いかけるとほとんどの方が手を挙げてくれます。そうですよね、今や高校生の社会科の教科書にも「コンプライアンス（法令遵守）」とでてくるぐらい市民権を得ている言葉です。
　ところでこの言葉、カタカナですね。ということは、生粋の日本語ではなく外来語です。いつごろ輸入されてきた言葉なのでしょうか？

　「コンプライアンス」、それは今から15年ほど前、アメリカでエンロン事件が起きたことをきっかけに、日本でもメジャーデビューを果たした言葉です。

> 「comply with the law」を名詞にしたものが「compliance」

　もともとは「the law」（有文律、つまり文字で書かれた法律や規則、ルールなど）に従うという意味なのですね。ですから狭義では「法令遵守」を意味します。時が下って現在ではもう少し広い意味でとらえられており、文字で書かれた法律や規則のみならず、不文律（社会良識や倫理観など、文字で書かれていないデファクトスタンダードのようなもの）も含めて、どのように守っていくかを表す言葉になっています。

　ここで今から15年ほど前のアメリカの話をしましょう。
　エンロン社の会計不正事件に端を発して、多くの公開会社で発覚した会計不正問題を解決するために、2002年サーベンス・オクスリー法（通称 SOX 法）が制定されました。

第7章 「不正」の考察

＜エンロン事件概要＞

　エンロン社（Enron Corporation）は、アメリカ合衆国テキサス州ヒューストンに本拠地を置き、総合エネルギー取引とITビジネスを行う企業でした。2000年度は全米売上第7位という大企業に成長し、2001年には21,000名ほどの社員を抱える大企業でした。

　折しも1990年代後半は、ITバブルの絶頂期。エンロン社はそのITバブルの波に乗り、革新的でなおかつ安定した成長を続ける超優良企業としての名声を確立していました。

　しかし、これらは巨額の不正経理・不正取引に支えられたものであったのです。例えばガス取引のデリバティブ、時価主義会計の悪用による売上や利益の水増し、空売りによる利益の確保、SPE（特別目的事業体）を悪用した連結はずしと損失付け替えなどなど…。全米有数の会計事務所であるアーサー・アンダーセンや顧問法律事務所の関与もあり、違法スレスレのプロジェクト遂行や粉飾決算が行われていたのです。

　2001年10月、ウォールストリート・ジャーナルがエンロン社の不正会計疑惑を報じました。この日から株価は急落し、証券取引委員会（SEC）の調査も始まりました。一度は合併・買収による生き残りも模索されましたが、不正経理の事実が明るみに出るに及んで遂に、2001年12月破綻に追い込まれてしまいました。

　破綻時の負債総額については諸説ありますが、少なくとも160億ドルを超えるといわれています。エンロン社に投資をしていた投資家、自社株を401kに組み込んでいた従業員、取引先など、多くのステークホルダーが巨額の資産を失い、また損失を抱え込むことになりました。2002年7月のワールドコム破綻まではアメリカ史上最大の企業破綻でした。

　とはいえこのようななかですら、CEO（chief executive officer 最高経営責任者）やCFO（chief financial officer 最高財務責任者）、COO（chief

> operating officer 最高執行責任者）など、会社の中枢にいた経営陣やその家族は、2000年夏以降の株価下落局面において大量のエンロン株を売り抜けており、インサイダー取引の疑いでSECの訴追を受けるというおまけまでついていたのです。

　その後、我が国においても2007年に金融商品取引法が施行され、上場会社については内部統制報告制度が導入されることになりました。経営者自らが内部統制を構築し、その整備・運用状況について監査人の監査を受けるのです。アメリカのSOXに習い、「日本」という意味の「J」をつけてJ-SOXと呼ばれています。

　このJ-SOXの導入により、一見したところ内部統制が構築されたかのように見えますが、その一方で企業不祥事の例は後を絶たず、不正のリスクマネジメントの重要性はいよいよ声高に叫ばれています。不正はどのように実行され、また発見されるのでしょうか。

❷ 不正とは何か

　会社はその規模の大小に関わらず、さまざまなリスクに直面しています。そのなかで最も重大な影響を及ぼすもののひとつとして「不正リスク」があげられます。

　「不正」とは何でしょう。「不正」とか「不祥事」とかいうと何だかとても大変なこと、それこそトップが何かをしてしまい謝罪会見をしているような他人事のイメージがしますよね。

　でも実は違います。人は「つい、うっかり」「まぁいいか、このくらい」というような、ほんのちょっとの気持ちのゆるみで何かをしてしまうもの。だから「不正」という言葉をうんとやさしく定義するならば「会社にとって都合の悪い、マイナスのこと」ぐらいにとらえておけばいいと考えています。

この不正リスクにどのように対処するかを考えること、それが「不正リスクマネジメント」であり、内部統制の整備・運用と併せて、会社が取り組むべき大切な課題です。

とはいえ「不正」について、少し正確な定義も見ておきましょう。
まず法律辞典によれば「不正（fraud）」とは、次のように定義されています。

> 「不正とは、人間の知恵によって考案され得るすべての多種多様な手段のうち、虚偽の示唆または事実の隠匿により、ある者が他者から利益を得るために行使される手段。あらゆる不意打ち、計略、抜け目のないまたは狡猾な行為、および他者を欺く方策のすべてが含まれる」

また「実務ガイド」*によれば、次のように定義されています。
> 「不正とは、他人を欺くために仕組まれた作為または不作為であって、被害者への損失および／または加害者への利得をもたらす行為である」

このように、一般的に「不正」とは非常に広い概念であるということができます。

さらに日本公認会計士協会による「監査基準委員会報告第35号『財務諸表の監査における不正への対応』」においては、不正はさまざまな意味を含む広範囲な概念であるとして、その広範囲な概念のなかから、監査人が財務諸表の監査において対象とする重要な虚偽の表示の原因となる不正について定義をしてい

---

*「実務ガイド」とは、企業不正に直接的ないし間接的に多くの役割を担っているアメリカの民間3団体、すなわち内部監査人協会（IIA）、公認不正検査士協会（ACFE）および米国公認会計士協会（AICPA）が2008年7月に公表した「企業不正リスク管理のための実務ガイド（Managing the Business Risk of Fraud: A Practical Guide）」のことをいいます。

ます。この場合の不正は、

> 「不正とは、財務諸表の意図的な虚偽の表示であって、不当又は違法な利益を得るために他者を欺く行為を含み、経営者、取締役等、監査役等、従業員または第三者による意図的な行為」

であると定義されています。すなわち簡潔にいえば、「不正」とは、策略、詐術、またはその他の不正な手段により、他者の財産や金銭を騙し取るあらゆる意図的あるいは計画的な行為などを意味しているといえるでしょう。

なおここで留意したいのは、誤謬とは過失を意味し、不正と異なって「意図せざる行為」であるということです。また「不正」には①不正な財務報告（粉飾）と②資産の流用（横領）とがあり、次のようにまとめられるということも押さえておきましょう。

不正	意図的な行為　＝　隠蔽される ①　不正な財務報告（会計不正）　＝　粉飾 ②　資産の流用　＝　横領
誤謬（過失）	意図的でない行為

公認不正検査士協会の「職業上の不正と乱用に関する国民への報告書 2012年版」(2012 ACFE REPORT TO THE NATIONS ON OCCUPATIONAL FRAUD & ABUSE、以下「ACFE レポート」という。) においては、不正のうちの「会計不正」について、その基本概念を記述しています。

すなわち「会計不正」とは、財務諸表の利用者を欺くために、財務諸表に意図的な虚偽の表示を行う、もしくは計上すべき金額を計上しないことまたは必要な開示を行わないことを意味します。また会計不正は、経営者や上位管理者による内部統制の枠外で引き起こされることが多いといわれています。

具体的には次のようなことがあげられます。

①財務諸表の作成の基礎となる会計記録や証憑書類の改ざん、偽造（文書偽造を含む）または変造

②取引、会計事象または重要な情報の財務諸表における不実記載や意図的な除外・金額、分類、表示または開示に関する会計基準の意図的な適用の誤り

一方「資産の横領」は、通常従業員により行われ、比較的少額であることが多いです。ただし発見されにくい方法で資産の横領を偽装したり隠蔽したりすることができる経営者や上位管理者が不正に関与する場合、比較的多額になる場合があります。

> 【補足】
> ちなみにACFEレポートにおいては、「職業上の不正と濫用　不正の体系図」において、不正を①汚職（利益相反、贈収賄、違法な謝礼、利益供与の強要）、②資産の不正流用（現金預金、棚卸資産他）、③財務諸表不正（会計不正）に分類しています。

	行為主体	内部統制	傾向	関連諸法令
財務諸表不正（会計不正・粉飾）	経営者不正（従業員もあり）	範囲外・無視	頻度は少ないが金額は大きい	有価証券報告書の虚偽記載罪（金融商品取引法）違法配当罪（会社法）など
資産の流用（横領）	従業員不正	範囲内・弱点をつく	頻度は多いが金額は小さい	業務上横領罪（刑法）背任罪（刑法）など

世の中には実にさまざまな不正があります。

売上の架空計上、会社備品の私的利用、タイムカードの改ざん、経費の不正請求、不正入札、データ改ざん、なりすまし犯罪などなど…。不正行為者に目を向ければ、従業員のみならず、例えば贈収賄というように、経営者自らが不正に手を染めるケースも散見されます。

このように、不正実行者が人々から金銭を騙し取ろうとする手口は極めて多岐にわたっており、加えて絶えず進化しています。とはいえその根底に存在す

るものは、いずれのケースであっても、相手の信頼を裏切り欺く心です。これらの手口を未然に防ぎ、また適時に発見するために「内部統制」が構築され、また「不正リスクマネジメント」という考え方が存在するのです。

　ということは、いわゆる「経営者不正」と呼ばれるもの、すなわち本来組織をあるべき方向へと導かねばならない経営者が自ら不正に手を染めた場合には、我々は手の打ちようがないということがわかるでしょう。なぜなら「内部統制」も「不正リスクマネジメント」も、経営者が自ら構築し、整備・運用する仕組みだからです。

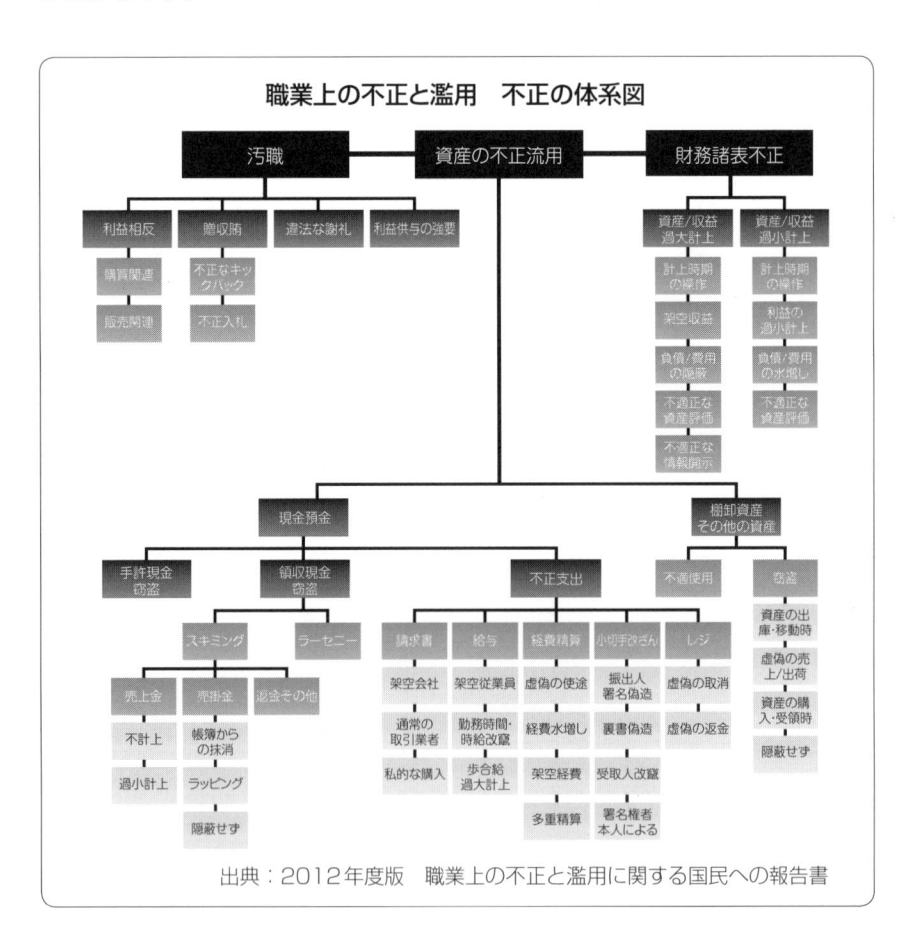

職業上の不正と濫用　不正の体系図

- 汚職
  - 利益相反
    - 購買関連
    - 販売関連
  - 贈収賄
    - 不正なキックバック
    - 不正入札
  - 違法な謝礼
  - 利益供与の強要
- 資産の不正流用
  - 現金預金
    - 手許現金窃盗
    - 領収現金窃盗
      - スキミング
        - 売上金
          - 不計上
          - 過少計上
        - 売掛金
          - 帳簿からの抹消
          - ラッピング
          - 隠蔽せず
      - ラーセニー
        - 返金その他
    - 不正支出
      - 請求書
        - 架空会社
        - 通常の取引業者
        - 私的な購入
      - 給与
        - 架空従業員
        - 勤務時間・時給改竄
        - 歩合給過大計上
      - 経費精算
        - 虚偽の使途
        - 経費水増し
        - 架空経費
        - 多重精算
      - 小切手改ざん
        - 振出人署名偽造
        - 裏書偽造
        - 受取人改竄
        - 署名権者本人による
      - レジ
        - 虚偽の取消
        - 虚偽の返金
  - 棚卸資産その他の資産
    - 不適使用
    - 窃盗
      - 資産の出庫・移動時
      - 虚偽の売上/出荷
      - 資産の購入・受領時
      - 隠蔽せず
- 財務諸表不正
  - 資産/収益過大計上
    - 計上時期の操作
    - 架空収益
    - 負債/費用の隠蔽
    - 不適正な資産評価
    - 不適正な情報開示
  - 資産/収益過小計上
    - 計上時期の操作
    - 利益の過小計上
    - 負債/費用の水増し
    - 不適正な資産評価

出典：2012年度版　職業上の不正と濫用に関する国民への報告書

いずれにせよ「不正」は、企業の評判やブランド、イメージを傷つけ、経営の存続すら危うくさせるものであると言えるでしょう。

コラム

花火大会の不正リスクマネジメント

夏の夜を彩る花火。とある花火大会で経験した「不正リスクマネジメント」の話です。

その花火大会では、海側から、有料の椅子席エリア（4000円）、有料の芝生エリア（4000円）、無料の芝生エリアに分かれていました。有料の椅子席エリアと芝生エリアの間には垣根と段差があって物理的に行き来ができないのですが、有料の芝生エリアと無料の芝生エリアの間は、なんと膝丈にロープが1本張ってあるだけなのですね。

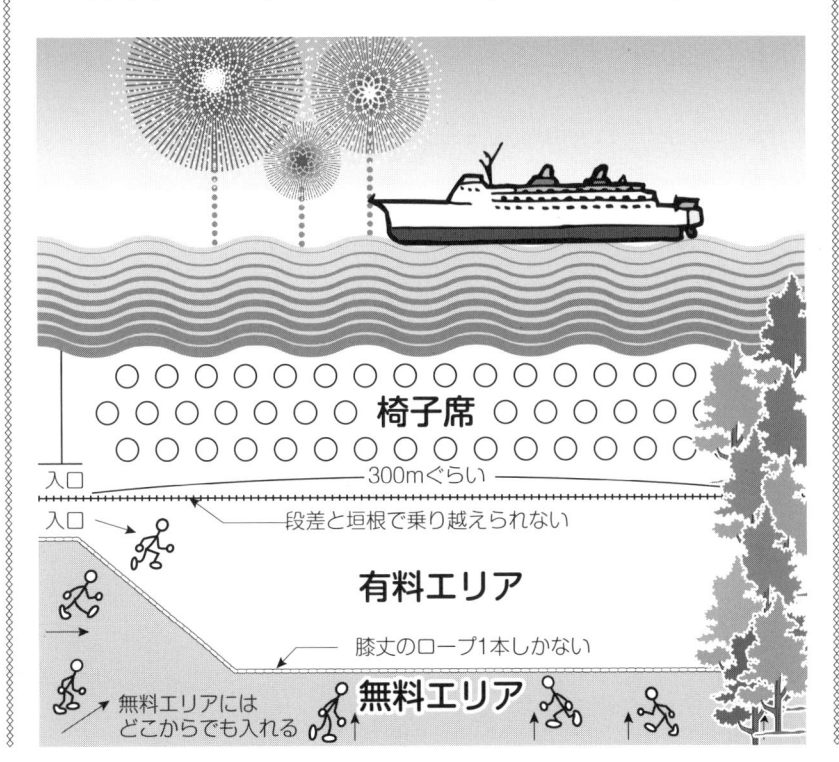

椅子席と有料芝生エリアに入るには入口でチケットを見せ腕に印をつけないといけないのですが、無料芝生エリアは後方のどこからでも入ることができ、しかも有料芝生エリアとの境はロープ1本だけ。さあ、どうなるでしょう。
　もしズルをしようと思えば、ロープを乗り越えればいいですね。肝心のモニタリング（大会関係者）は入口のところに数名立っているだけで、入口から遠いところ（300ｍくらいはありそう）には誰もいません。だったら4000円も払うことなく、監視（モニタリング）の届かない入口から一番遠い箇所のロープを乗り越えればいいのです。

　これは不正リスクマネジメントの失敗例です。入口に何人も配置するのではなく、ロープを乗り越える人がいないかを監視できるように、ロープに沿って人を適切に配置しなくてはなりません。モニタリングの箇所を間違っているのですね。これは花火大会の例ですが、モニタリングすべき箇所が間違っている例は実際の内部統制でもよく見かける事例です。また陽が落ちて暗くなればますますロープを越えやすくなります。どんどん抜け道ができてしまいますね。しかも罰則はありませんから不正リスクは高まるばかりです。

　実際はどうだったかというと…。
　ロープを乗り越えてちゃっかり入ってきたひとはほんの一握り。つまりほとんど混乱はありませんでした。日本人は非常に秩序正しくて、だからこそ「不正リスクマネジメント」という考え方がなかなか根付きにくいのだなあと感じた夏の夜の出来事でした。

❸ 不正の発生要因の理解～不正のトライアングル

人はなぜ不正を犯すのでしょうか？
なぜ不正が起きてしまうのでしょうか？

不正の発生要因を理解するにあたって、「不正のトライアングル」という考え方があります。トライアングルとは三角形のことです。金属の棒を三角形にした楽器もありますね。これは1950年代、アメリカの組織犯罪研究者ドナルド・R・クレッシーが体系化したものです。彼は横領犯罪者に興味をもち、犯罪者が誘惑に負けた環境に注目して研究を重ねました。現在でも古典モデルとなっている職業上の犯罪者についての理論を発展させ、論文の「Other People's Money：A Study in the Social Psychology of Embezzlement」として発表し、このなかで展開された仮説が「不正のトライアングル」です。

不正リスクの要因分析を実施するにあたって、不正リスクを以下の３つの状況に分類し分析を実施します。このとき不正の再発防止のための是正措置の策定に関連付けて分析を行うことが有用です。この重要な３要素について理解すれば、人がなぜ不正をしてしまうのかという心理の謎に迫ることができます。不正の発生を理解し、適切な対策を行うには、この３つの不正リスク要因を理解する必要があります。

① 動機・プレッシャー
② 機会の認識
③ 姿勢・正当化

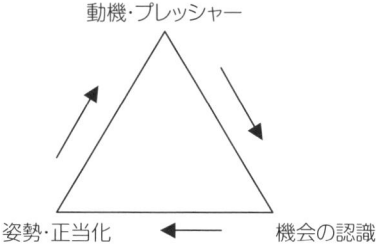

①不正を犯す動機・プレッシャーの存在

合法的なやり方では解決することのできない経済的な問題（例えば、借金や

リストラ、失業、組織存続の危機など）を抱えた者が、金銭の窃盗や財務報告の改ざんに手を染める可能性があります。

つまり動機・プレッシャーとは、不正を実際に行う際の心理的なきっかけのことをいいます。原因としては①個人的な理由として、処遇への不満や納得のいかない叱責など、②組織的な理由として、外部からの利益供与、過重なノルマ、業務上の理由、業績悪化、株主や当局からの圧力などが原因として考えられます。

クレッシーによれば、犯罪にいたる動機やプレッシャーは原則として「他人と共有できない問題に帰結する」とされています。すなわち「人はなぜ不正を働くのか」という命題に答えるとすれば、「何らかの経済的事由を個人で解決しようとした結果」であるといえるでしょう。

例えば上司や同僚に相談して解決することができれば不正を犯す動機が生じない、一人で抱え込んでしまうからこそ不正の動機が生ずる…というところでしょうか。良好な職場環境と円滑なコミュニケーションの大切さが身にしみる洞察です。

クレッシーはこの要素を6つのカテゴリーに分類しています。
- ・割り当てられた責務への違反
- ・個人的な失敗による問題
- ・経済情勢の悪化
- ・孤立
- ・地位向上への欲望
- ・雇用者と被雇用者の関係

②不正を犯す機会の存在と認識

自分への信頼を悪用して秘密裏に問題解決ができ、かつ発覚のリスクが少ない機会（チャンス）を認識します。

つまり機会とは、不正を行おうとすれば可能な環境が存在する状態のことを

いいます。重要な事務を一人の担当者に任せている、必要な相互牽制、承認が行われていないなど、「不正をしよう」と思ったら「できる」環境があることを意味しています。

「不正のトライアングル」の仮説によれば、3要素がすべてそろわなければ不正行為に結びつきません。すなわち不正の理由が、他人と共有できない経済的な問題だけでは足らず、他者に知られずにこっそりと不正を行うチャンスがあること（もしかしたら、いずれバレるかもしれないにしても…）を認識していることが必要になってきます。

例えば、伝票の起票者と承認者が同一人物、現金出納に際してのチェック機能が甘い、棚卸をしていないといったような、内部統制機能や内部監査機能の形骸化があげられるでしょう。
内部統制機能や内部監査機能の脆弱化は、「悪いことをしてもばれないだろう」といったような心の闇を生じさせる可能性をはらんでいます。

③不正を正当化する理由
自己の行為を自分で受け容れるための事前の納得です。つまり、不正を思いとどませるような倫理観、遵法精神の欠如であり、不正が可能な環境下で不正を働かない堅い意思を保てない状態を意味します。現実問題として完璧な管理体制の構築は不可能である以上、道徳律の確立が不正予防の必須要件であるといえましょう。

悪いことをしようとするとき、どんな人にも良心の呵責があるはずです。その良心の呵責を振り切って実行するには、何らかの力によって背中を押してもらわなくてはなりません。それが「正当化」です。
例えば、自分だけが悪いわけではない、周りの人も同じように悪いことをしているから大丈夫とか、自分は会社に正当に評価されていないと思う、自分は悪く

ない、悪いのは会社だ、自分は正しいのに、理解されないのはおかしい、とか。

　これらはいずれも、不正を行おうとする人が自分の「善意の心、良心」に蓋をするための理由付けです。他責といってもいいかもしれません。結局は「自分は悪くない、周りが悪い」「だから私が○○をしても許されるはずだ」と都合の良い解釈をしているのです。

　最後に、この「不正のトライアングル」の「不正の３要素」のいずれが欠けても不正は発生しないということを押さえておきましょう。

❹ 不正はどのように実行されるのか

資産の不正流用	組織の資産の窃盗や悪用。 　例：スキミング、経費の不正請求、小切手改ざんなど。
汚職	不正実行者が雇用主に対する義務に反して、自分自身のもしくは他者の利益を得るために、商取引における自らの立場を悪用。 　例：賄賂の授受、利益供与の強要、利益相反の約束など。
財務諸表不正	組織の財務情報における意図的な虚偽記載と不作為。 　例：収益過大計上、負債や経費の過小計上、資産の水増し計上など。

　ACFEレポートには、非常に興味深いデータが掲載されています。その一部を紹介いたしましょう。なおここでいう「職業上の不正」とは、従業員が私的な利益を確保するために、組織内における立場を悪用し行う不正行為のことをいいます。

　まず「カテゴリー別職業上の不正　発生頻度」を見てみましょう。

カテゴリー別　職業上の不正　発生頻度

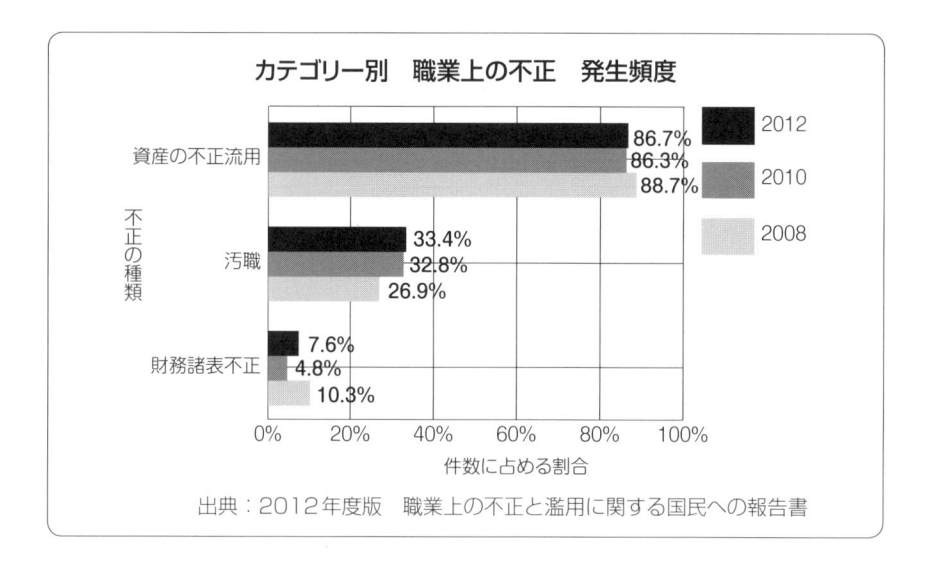

不正の種類	2012	2010	2008
資産の不正流用	86.7%	86.3%	88.7%
汚職	33.4%	32.8%	26.9%
財務諸表不正	7.6%	4.8%	10.3%

件数に占める割合

出典：2012年度版　職業上の不正と濫用に関する国民への報告書

　これを見ると、経費を不正請求したり、売上金をちょっとごまかしたり…というような、「資産の不正流用」の件数が圧倒的に多い（9割近くを占める）ことが読み取れます。

　その一方で、会社にとっての損失額（被害金額）を見てみると、件数で9割近くを占める「資産の不正流用」はほんのわずかとなり、かわりに「財務諸表不正」による損失額が圧倒的に大きくなります。これは、ほんのちょっとお金をごまかすという件数は非常に多いけれども、金額としてはたいしたことはないということを意味しています。つまりお金をくすねるといっても、限界があるというか程度が知れているのですね。

　しかし「財務諸表不正」は決算の数字を変える（通常は利益を大きく見せる）という目標がある上に、数字上の操作ですから、発覚のリスクを度外視すれば、いくらでも大きな金額を動かすことになるのです。

カテゴリー別　職業上の不正　損失中央値

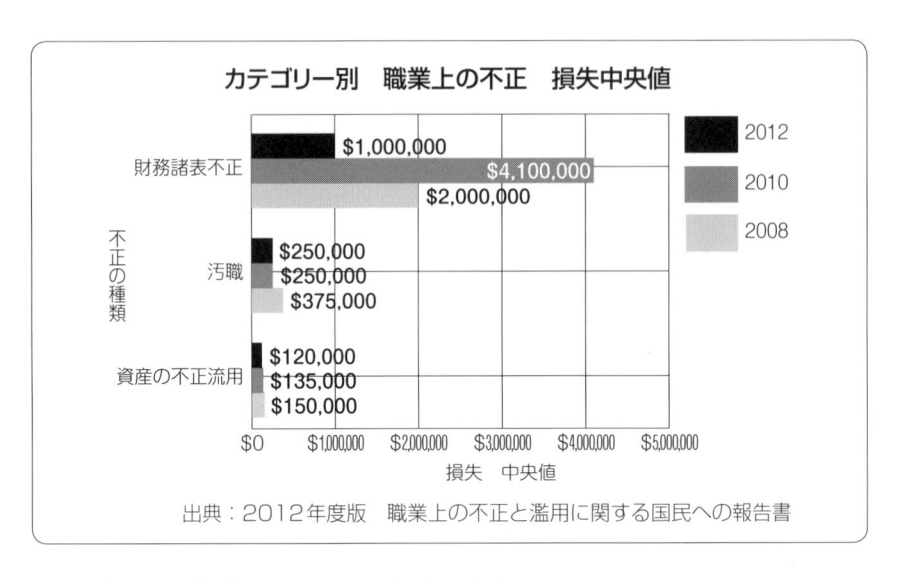

不正の種類	2012	2010	2008
財務諸表不正	$1,000,000	$4,100,000	$2,000,000
汚職	$250,000	$250,000	$375,000
資産の不正流用	$120,000	$135,000	$150,000

出典：2012年度版　職業上の不正と濫用に関する国民への報告書

さらに不正が摘発されるまでの期間を見てみましょう。

不正の種類別　摘発までの期間（月数　中央値）

不正の種類	2012	2010	2008
給与不正	36	24	25
小切手改ざん	30	24	30
財務諸表不正	24	27	30
経費精算	24	24	24
請求書不正	24	24	24
スキミング	24	18	24
手許現金	19	18	17
現金窃盗	18	18	26
汚職	18	18	24
棚卸資産・その他の資産	12	15	21
レジ不正	12	12	22

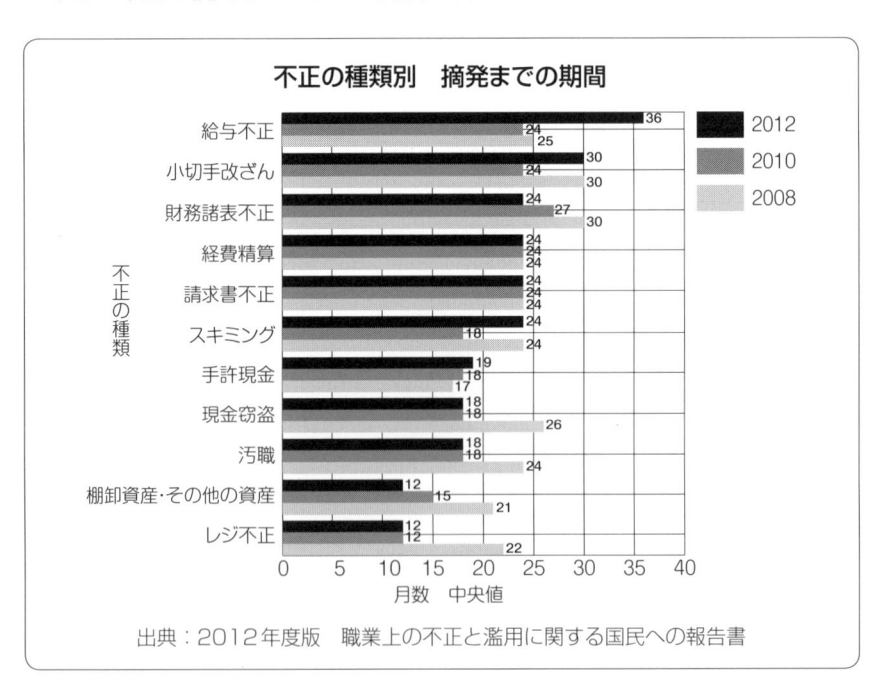

出典：2012年度版　職業上の不正と濫用に関する国民への報告書

不正の早期摘発は、金銭的な損失を最小限に抑える効果があるばかりでなく、評判上の損失、いわゆるレピュテーションリスクを抑えることにもなり、明らかに大きな利点があります。また職業上の不正が摘発されるまでの期間を分析すれば、組織が不正摘発の有効性を高める対策を講じる上で参考となる有用な情報を得ることができるでしょう。

コラム　世間を騒がせた研究不正の話

　科学技術立国である日本を揺るがすようなSTAP細胞の一件。その後「科学とはどうあるべきか」という議論とともに「いかに研究不正を防ぐか」という議論が盛んに行われるようになりました。

　例えばミシガン大学医学部では、研究に用いた膨大なデータをすべて保管し、捏造が疑われたときにすぐ遡及できるようになっています。またアメリカでは日本と異なり、外部から通報を受けて調査をする権限をもつ第三者機関も整備されており、また過去の不正を事例にして「どのような不正が行われたか」「なぜ不正が起きたのか」ということを、自分の立場に置き換えて学ぶ機会も豊富にあります。白昼に晒して訴追するのですね。

　それに対して日本では、不正が起きたときにトップが「秘密保持」を強く訴えて緘口令（かんこうれい）をひいたり処罰規定を強化したりして、まだまだ自浄能力自体が問われるような事例に事欠きません。隠蔽体質を増長させるようなトップの姿勢が組織の風通しを悪くしているのです。

　「研究不正」を考えるとき、時間と成果に追われ、競争のプレッシャーと戦う研究者の姿が浮かびます。研究とはある程度の時間をかけることを許容し、自由な発想を大切に育む環境があってこそ大成するものだと思うのです。拙速に結論を求めるものではありません。その一方でサラリーをもらう身としての辛さ、矛盾もはらんでいるのです。

　いったん信頼を失ってしまうと取り戻すのはとても時間のかかる大変

なことですが、不条理な命令やプレッシャーのない、研究組織の風土のあり方をいまいちど考える時期にきているのだと思います。

第7章 「不正」の考察

第3節
内部統制と不正リスクマネジメント

1　内部統制と不正リスクマネジメントの関係

　不正の3つのリスク要因における問題点に対して内部統制を整備することは当然ですが、不正リスクマネジメントの考え方を導入することで、内部統制ではカバーしきれない領域に踏み込み、不正の発生しにくい組織を構築することが期待できるといえます。

　先にも述べたように不正リスクマネジメントとは、経営者が不正リスクに対する経営責任を果たすために、会社が誠実かつ倫理的に行動することについての組織的なコミットメントを確立し、促進し、モニタリングすることです。これは内部統制の適切な整備・運用と併せて、会社が取り組むべき喫緊の課題であるといえます。

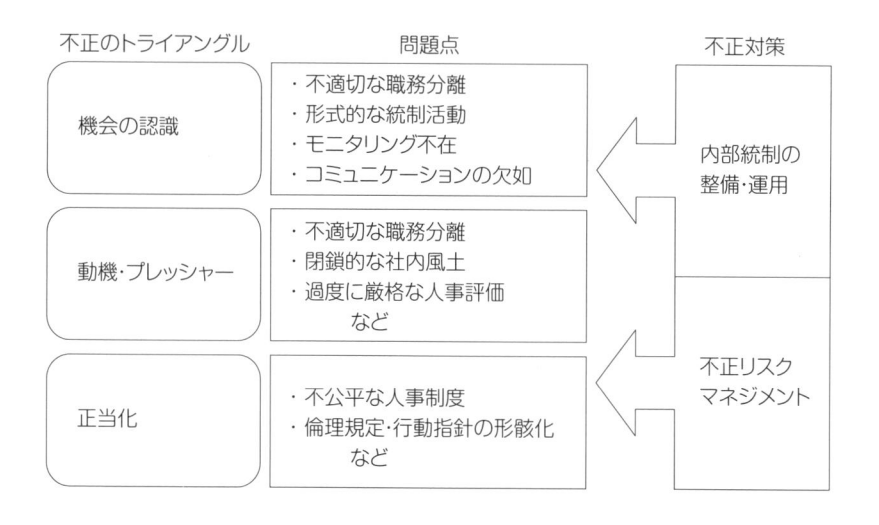

不正のトライアングル	問題点	不正対策
機会の認識	・不適切な職務分離 ・形式的な統制活動 ・モニタリング不在 ・コミュニケーションの欠如	内部統制の整備・運用
動機・プレッシャー	・不適切な職務分離 ・閉鎖的な社内風土 ・過度に厳格な人事評価　など	不正リスクマネジメント
正当化	・不公平な人事制度 ・倫理規定・行動指針の形骸化　など	

不正対策の中心は、不正をいかに予防し、また発見するかに尽きます。内部統制を構築して予防的統制と発見的統制を整備・運用するとともに、不正リスクマネジメントを強化して、適切な不正対策を行う必要があります。また不正が発覚した際には、早急に特別調査委員会を設置し、不正調査を迅速に進める必要があります。

❷ 不正リスクマネジメントの5原則

　ここで「実務ガイド」に記載されている不正リスクマネジメントのための5原則についてふれておきましょう。この5原則は、会社の不正リスクを有効に管理するための環境を積極的に構築するための重要な原則です。ゆえに会社の不正リスクマネジメントプログラムの評価、当該プログラムの向上、若しくはプログラムの構築に利用できます。

不正リスクマネジメントの5原則		
原則1	**不正リスクのガバナンス体制** 適切な不正リスクマネジメントのプログラムが存在すること	コーポレートガバナンス体制の一環として、不正リスク管理に対する取締役会及び経営幹部の考えを伝達するための明文化された方針が含まれる不正リスクマネジメントプログラムを構築すべきである。
原則2	**不正リスクの評価** 不正リスクが特定され、評価されていること	低減すべき不正リスクを特定するため、会社は不正リスクを定期的に評価すべきである。
原則3	**不正の予防及び不正の発見** 不正リスクを管理する適切なプロセスや手続が構築されていること	実現可能な範囲で、重要な不正の発生を回避するための予防策を構築すべきである。
原則4		予防策が機能しなかった場合、若しくは不正リスクの重要性が高まった場合の、不正リスクの発見プロセスを確立すべきである。
原則5	**不正調査とその是正措置** 適宜、不正疑惑が対処され、適切な是正措置がとられていること	潜在的な不正に適宜・適時に対応できるように、潜在的な不正リスクに関する情報を収集できる報告プロセスを整備し、不正調査及びその是正措置を実施するために協調的なアプローチを用いるべきである。

(出典:内部監査人協会国際本部、米国公認会計士協会、公認不正検査士協会「Managing the Business Risk of Fraud : A Practical Guide」2008年7月より作成)

この5原則を図示すると、次のようになります。

不正リスクマネジメントのフレームワーク

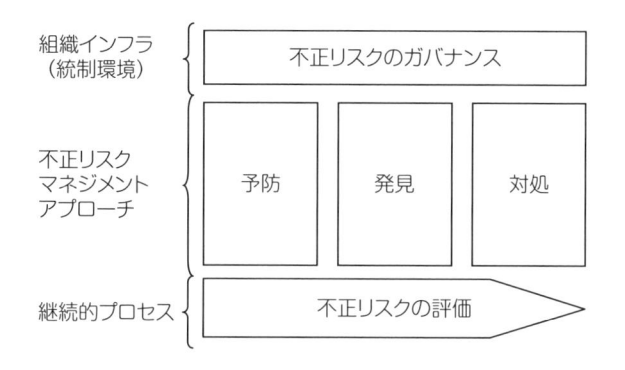

```
組織インフラ      ┌─────────────────────┐
（統制環境）      │  不正リスクのガバナンス  │
                 └─────────────────────┘
不正リスク        ┌──────┐┌──────┐┌──────┐
マネジメント      │ 予防 ││ 発見 ││ 対処 │
アプローチ        └──────┘└──────┘└──────┘
継続的プロセス    ┌─────────────────────>
                 │   不正リスクの評価
                 └─────────────────────>
```

不正リスクマネジメントの5原則を押さえた上で、チェックリスト等を用いながら自社の不正リスクマネジメントの状態を把握することが有効です。

【補足】

▼ **不正リスクのガバナンス体制（不正リスクマネジメント 原則1）**

不正リスクに対する有効なガバナンス体制の構築は、不正リスクマネジメントの土台です。不正リスクに対する経営者の姿勢によって会社の全社的な不正への取り組みを示すことができ、経営者の姿勢を反映した行動規範を策定することができるのです。「実務ガイド」によれば、不正リスクマネジメントプログラムを策定する場合には、次の要素が含まれるべきであるとされています。

役割と責務	不正リスクマネジメントにおける経営者を含む全従業員の役割・責務を伝達する
コミットメント	経営者の不正リスクマネジメントに対する姿勢を企業全体に伝達する
不正リスクの認識	どのような不正リスクが存在しているのかを認識するため、トレーニング等により従業員に対して浸透させる
プログラムへの同意	行動規範や会社の不正リスクマネジメントプログラムに関わる規程を経営者、従業員、取引先等に理解させ、同意させる

利害の対立がある場合の報告	利害の対立（牽制が機能しなくなるようなケース）がある場合においては、それを報告する
不正リスクの評価	会社においてどのような不正リスクがあるのかを特定する
内部通報制度および通報者の保護	従業員や取引先が不正の兆候・発生を報告できる内部通報制度を設置し、実効性を担保するために通報者を保護する
不正調査の手順	不正が発覚した場合における不正調査の手順を確立する
是正処置	企業内で不正を防止するために、不正行為者に対する処罰を記載した懲戒規程を作成する。また不正が発生した要因を分析し、内部統制に不備・欠陥がある場合はその是正措置を実施する
不正リスクマネジメントプログラムの評価・改善	不正リスクマネジメントプログラムの有効性を定期的に評価し、評価結果を適切な管理者や部門に報告する
不正リスク環境の継続的なモニタリング	不正リスク環境の変化に応じて、不正リスクマネジメントプログラムを更新する

▼ 不正リスク評価（不正リスクマネジメント 原則2）

　不正リスクの評価では、分析対象と主要なステークホルダーの範囲を特定し、現状の不正リスクマネジメントの状況を把握します。そして改善目標を設定し、現状とのギャップを埋めるために必要なステップの特定を行うために、会社固有の直接的または間接的な不正リスクを把握する必要があります。

　不正リスクの評価プログラムは、少なくとも、会社の不正リスクの特定、不正リスクの評価頻度や重要性の判断基準、不正リスクへの対応方法を含むべきです。

　なお不正リスクを特定するためには、規制機関、業界他社、主な指針の提供団体等における不正発生事例の外部情報の収集、業界に精通している人材へのインタビュー、内部通報内容のレビューおよび分析的手続を実施し、整理された情報を不正のトライアングル（不正の動機・プレッシャー、機会および姿勢・正当化）を用いて分析します。不正リスクが存在する部分については会社の継続的モニタリング活動等に反映することで、経営者は不正リスクを低減することができるような内部統制を構築し、それらが適切で客観性のある人材により実施され、有効に機能している状態を確認

第7章 「不正」の考察

する責任があります。

▼ **不正の予防と発見（不正リスクマネジメント 原則3および原則4）**

まず不正の予防の目的は、不正が発生しないことを担保するということではなく、会社の不正リスクを低減させることにあります。最も重要な不正の予防策は、経営者が会社全体に不正リスクマネジメントプログラムを浸透させて、会社全体の不正リスクの意識を高めると同時に、不正リスクに有効な内部統制を構築することにあります。

不正の発見のプロセスには、内部監査人の監査手続の見直しや会計データや販売データ等のデータそのものを利用した分析等があります。

いずれにせよ、不正の予防および発見の両方のコントロールを考慮することが重要であるといえます。

▼ **不正調査とその是正措置（不正リスクマネジメント 原則5）**

不正調査の担当者は必要な権限とスキルを有しており、かつ適切な措置を策定し実施できる人材である必要があります。また上位管理者が関わっていると判断される不正調査に対しては、取締役会が積極的に関与することが望ましいといえます。

不正調査を本格的に実施する場合に備えて、一貫性のある調査の手順を準備しておく必要があります。迅速に対応できることによって、会社は損害を最小限に抑えることができます。

不正はトップだけでは防止できず、トップダウンとボトムアップの両サイドを睨みながら予防策を策定していく必要があります。そのため経営者は従業員の意識を高め、不正マネジメントプログラムを啓蒙し、従業員に対する教育・認知に十分な時間と資金を費やす必要があります。

第4節
不正が行われるとき

① 不正手口の紹介

　例えば架空売上を計上する、現金を横領する、棚卸数量をごまかす…というような、一般的にイメージしやすい財務諸表数値に関連した不正に焦点を当てます。このような財務諸表不正（会計不正）の一般的な手口とは、どのようなものでしょうか？

　不正な財務報告は、経営者や上位管理者による内部統制の枠外で引き起こされることが多く、通常、以下のような手口により行われます。
　①経営成績の改ざんやその他の目的のために架空の仕訳記帳（特に決算日直前）を行う
　②勘定残高の見積もりに使用される仮定や判断を不適切に変更する
　③会計期間に発生した取引や会計事象を財務諸表において認識しない、または認識を早めたり遅らせたりする
　④財務諸表に記録される金額に影響を与える可能性のある事実を隠蔽または開示しない
　⑤会社の財政状態または経営成績を不実表示するために仕組まれた複雑な取引を行う
　⑥通例でない取引に関する記録と条件を変造する

　具体的に勘定科目をイメージすれば、次の6つに分類できます。

第7章 「不正」の考察

① 売上を前倒しにする	→	**売上↑**
② 売上を架空計上する	→	**売上↑**
③ 費用を先送りにする	→	**利益↑**
④ 費用を計上しない	→	**利益↑**
⑤ 資産を架空計上する	→	**利益↑**
⑥ 負債を計上しない	→	**利益↑**

一方資産の横領は、資産の紛失や正当な承認のない担保の提供というような事実を隠蔽するための、虚偽もしくは不正な記録または証憑書類を伴うことが多いといえます。通常、以下のような方法により行われます。

①受取金の着服（例えば、掛金集金を流用すること、または償却済勘定の回収金を個人の銀行口座へ入金させること）

②物的資産の窃盗または知的財産の窃用（例えば、棚卸資産を私用または販売用に盗む、スクラップを再販売用に盗む、競争相手と共謀して報酬と引換えに技術的データを漏らす）

③会社が提供を受けていない財貨・サービスに対する支払（例えば、架空の売主に対する支払、水増しされた価格と引換えに会社の購買担当者に対して売主から支払われるキックバック、架空の従業員に対する給与支払）

④会社の資産の私的な利用（例えば、会社の資産を個人またはその関係者の借入金の担保に供すること）

❷ 単独なのか共謀なのか

ACFEレポートによると、不正の約3分の2は単独犯によるものです。「不正」はこっそりと秘密裏に行わなくてはいけませんから、経済学でいうゲームの理論ではありませんが、相手の裏切り行為があると厄介なのです。ですからなるほど、単独犯が多いということもうなずけます。

一方、複数犯で実施された不正による被害額は、単独犯で実施した不正の4倍以上であるという結果もでています。つまり信頼できる（こういう場合に信頼という言葉は似つかわしくありませんが）相棒がいれば、共謀してより大掛かりな不正を行うことができるというわけです。

　架空売上を例にとってみましょう。
　通常は帳簿の記載と出納は職務分掌されていますから、単独犯であれば、帳簿上の操作をすることで精一杯ではないでしょうか。担当が違う以上、モノやお金を実際に動かすことはそう簡単なことではないと思います。また売上金額をいじるということは、特定の売り先を決めて、相手科目の売掛金も操作しなくてはなりません。残高確認によって期末債権金額の調査が入れば不一致がすぐばれてしまいますし、また期中であっても滞留売掛金が発生して、すぐ不具合が顕在化してしまうでしょう。
　一方得意先と共謀すれば、より大掛かりな不正をすることが可能になります。例えばいったん商品を納入し、お金を貸し付けてそのお金で代金を支払ってもらえるよう頼めれば、あたかも実際に商品が売られたかのように見せかけることも可能となり、ある程度の期間は不正を隠しとおすことができるかもしれません。

　また大掛かりな不正をするためには、より大きな権限が必要になりますから、より上位の人間が絡んでくることが通例です。この場合、自分で自分の行為を承認するというような内部牽制の抜け穴（内部統制の不備）を突くような悪質な事例も見られます。チェックをする人がいないことをいいことに、不正を働こうというインセンティブが働くのです。
　このように、複数犯で実施された不正は内部統制の機能を著しく低下させる可能性があり、会社の被害額が大きくなる傾向があります。

❸ 不正発覚の端緒と不正調査の仕方

適時ではなかったとしても、不正は必ずや発覚するものです。一般に不正発覚の端緒は、次の6つに分類されます。

① 会計監査人等からの指摘
② 社内監査等による発見
③ 後任人事に伴う調査
④ 日常取引からの発見
⑤ 社内・社外からの通報
⑥ 不正関与者の自主申告

ここで大切なのが、③の後任人事に伴う調査です。これは、不正を予防し発見するための重要な内部統制のひとつが「適切な職務分掌」であることを意味しています。先の「不正のトライアングル」の際にも述べたように、適切な職務の分離がなされていることにより、不正を未然に防ぐことができるのです。

またACFEレポートによれば、起こりうる不正およびその発見には一貫したパターンがあることがわかります。不正発見の契機としては、何が多いと思いますか？実は、内部通報が圧倒的に多いのです。

> ✓ 不正の発見の契機としては、内部通報が圧倒的に多く、不正発見の40％以上を占める
> （2位：マネジメント・レビュー（約16％）、3位：内部監査（約14％））
> ✓ その通報者は（同僚）従業員が半数近くを占める
> （2位：顧客（約22％）、3位：匿名の通報者（約15％））
> ✓ 内部通報制度（ホットライン）を有する組織は、それを有しない組織よりも、不正の発見までの期間を約50％にまで削減できており、不正による損失を約40％削減できている

これは、内部通報制度（ホットライン）の有効性を統計的に裏付けるものです。すなわち不正を最も感知しやすいのは、不正行為者と業務上日常的に接触する者であり、不正の早期発見と損失の削減のためには、このような者からの情報を有効に引き出すことが重要であることを意味しています。

　次に不正調査の方法について説明しましょう。
　一般に不正調査のアプローチは、「仮説検証アプローチ」と呼ばれています。必要な情報を収集し分析して、不正の手口の仮説を構築し、その仮説の検証を行うというサイクルを繰り返すことで実態解明がなされていきます。「サイクルを繰り返す」という点がポイントです。

①情報の収集
　一般的に不正調査における情報収集の方法は、証拠となるべきものの形態により以下のように分類できます。
- ✓ハードコピーの収集（契約書・帳票等、取引先等への確認、外部への検証依頼等）
- ✓電子媒体の収集・復元（不正関与者等のPC、共有サーバー、E-mailサーバー、監視カメラ、会計データ・取引データ等）
- ✓その他の情報収集（従業員・取引先・退職者等へのインタビュー、対象資産等の検証（視察、観察、実査等）、公的情報・公的文書、信用調査（法人・個人）等、不正関与者等の個人通帳（任意提出）等）

②情報の分析
　一般的に不正調査における情報分析の方法は、以下のように分類できます。
- ✓財務数値をベースとする分析（趨勢分析、回転期間分析、会計データのデータマイニング*、取引データのデータマイニング等）
- ✓財務数値以外の分析（各データの整合性分析、不正リスクの要因分析、時系列プロファイリング、地理的プロファイリング、コンピュータ解析、

Keywords 検索等）

③仮説検証アプローチ

情報収集と分析に基づいて、発生したであろう事象の仮説を構築し、その仮説が立証可能か否かを検証する方法が、不正調査のアプローチです。

もちろん当該仮説を検証するなかで、仮説が立証できない場合があります。そのような場合には仮説を棄却し、新たな仮説を構築するのに必要な情報を収集し分析する必要があります。結論に至るまで繰り返しの作業となります。

4 是正措置策定のための不正リスクマネジメントの意義

取締役会などマネジメント層は、適切なガバナンス体制を構築するために、会社の規模や業界に関係なく高い倫理観を保持しなくてはなりません。万一不正が発覚した場合であっても誠実に対応することができるならば、会社の不正リスクに対する真摯な姿勢と社会的責任を、ステークホルダー（例えば株主、従業員、顧客、政府機関、地域社会、メディアなど）に対して明確に示すことができるはずです。

会社の不正リスクに対する真摯な姿勢と社会的責任を明確に示すためには、具体的にはどのようなことが重要なのでしょうか？

まず会社は、「どのような不正リスクマネジメントプログラムを活用している

＊データマイニングとは、小売店の販売データや電話の通話履歴、クレジットカードの利用履歴など、企業に大量に蓄積されるデータを解析し、そのなかに潜む項目間の相関関係やパターンなどを探し出す技術のことをいいます。従来はこうした取引の「生データ」は、経理処理に必要なだけで活用されていませんでしたが、情報技術の向上により潜在的な顧客ニーズが眠る「鉱山」として「採掘 (mining)」されるようになりました。

例えばスーパーの販売データをデータマイニングで分析することにより、「ビールを買う客は一緒に紙オムツを買うことが多い」「雨の日は肉の売上が良い」など、項目間の相関関係を見つけることができます。またクレジットカードの利用履歴を解析することによって、不正使用時に特徴的なパターンを見つけだし、怪しい取引を検出するなどの応用も考えられます。

のか」、「どのように不正リスクを特定しているのか」、「どのように不正を予防しているのか」、「不正の早期発見をどのように心がけているのか」、「不正が発覚した場合どのような不正調査およびそれに対する是正措置のプロセスが準備されているのか」などを明確に説明できるよう準備をしておくことが必要です。

例えば取締役等のマネジメント層が中心となって、以下のような強力なガバナンスをもった企業文化を創り上げた組織もあります。

- ✓ 取締役会による、不正に関する検討課題と情報フローの掌握
- ✓ 有効な内部通報制度の構築
- ✓ 独立性のある経営者指名プロセス
- ✓ マネジメント層の評価、業績管理、報酬決定の仕組みの構築
- ✓ 組織行動規範と区別された、マネジメント層独自の行動規範　等

すなわちマネジメントを司る取締役会が、不正リスクの存在を十分に理解し、会社の戦略の一環として不正リスクに対処する体制を構築することが、不正リスクマネジメントの第一歩です。

不正リスクマネジメントとは

経営者は不正リスクに対する経営責任を果たすために、会社が誠実かつ倫理的に行動することについての組織的なコミットメントを確立し、促進し、そしてモニタリングすることが求められています。これを実現するのが不正リスクマネジメントであり、内部統制の整備・運用と併せて、企業が取り組むべき喫緊の課題です。

会社における不正の主要な動機は、自身の欲望あるいは、予算・目標などを達成するためのプレッシャーであることが多いと考えられます。このような状況下で会社が不正を防止するためには、地道で継続的な努力をしなければなりません。

第5節
どのように不正に立ち向かうか

① 不正のトライアングルを崩す

　先に「不正のトライアングル」の「不正の３要素」のいずれが欠落しても不正は発生しないことを説明しました。それではこの３要素のうち、どれかひとつだけでも崩せないでしょうか？

①動機・プレッシャーを消去できるか

　これは３要素のなかでは一番難しいと言えます。

　周囲がいかに素晴らしい環境であっても、不正の動機・プレッシャーとしては「身内の起こした交通事故に重大な過失があった」「ギャンブル好きでついに借金が1000万円を超えてしまった」など外的要因がその多くを占めています。

　ゆえに会社としては、動機の要素を排除するのが最も難しいといえるでしょう。

②機会の認識を消去できるか

　機会は仕組み・セキュリティの問題といえるので、対策を練りやすい要素です。ひとことでいえば、形骸化している内部統制がないかを再点検し、職務分掌を徹底することです。

　例えば、
- ・伝票の起票者と承認者を分離しているか
- ・現金出納者と起票者を分離しているか
- ・定期的な棚卸を実施しているか

というような内部統制上の不備の有無を検証し、不備が発見されれば是正するよう心掛けます。

③姿勢・正当性の要素を消去できるか

この要素も企業が対策を練ることができる分野です。

まずは内部通報制度の確立と適切な運用です。ここで重要なことは、内部通報制度が存在するだけではなく、従業員がその存在を認識して実際に利用ができる状態でなくてはならないということです。

例えば、

- 自分だけが悪いわけではない、周りの人も同じように悪いことをしているから大丈夫
    - →このような状況が発覚した時点で、しかるべき部署に情報が伝達されるような仕組みになっているでしょうか？
- 自分は会社に正当に評価されていないと思う
    - →人事評価のあり方は明瞭でしょうか？昇給・昇格要件や待遇について明文化されているでしょうか？
    まずは、円滑なコミュニケーションにより風通しの良い職場環境を作り上げることが重要です。苦情が生じた場合の窓口の設置なども必要です。
- 自分は悪くない、悪いのは会社だ
    自分は正しいのに、理解されないのはおかしい
    - →職場におけるコミュニケーションや問題解決力に頼るだけではなく、苦情が生じた場合の公式な窓口の設置が求められます。

対応策として、昇給・昇格、賞与など、従業員にとって直接的に金銭に関係する部分の「見える化」ができていることが重要になってきます。

公開情報と非公開情報の区別が不明瞭のため、管理者によってその取り扱いがまちまちであったりすると、従業員に不信感が広まります。人事評価関連などのセンシティブ情報については特に、その取り扱い方に留意しなくてはなりません。

いずれにせよ「正当化」の要素については、職場における円滑なコミュニケー

ションの確立と相互の信頼関係の構築によって、消去できる場合が多いと考えられています。

> **コラム**
>
> ### 「仕組み」か「心」か
>
> 不正のトライアングルには、
> ① 動機・プレッシャー
> ② 機会の認識
> ③ 姿勢・正当化
>
> という3要素がありましたね。いずれかが欠ければ不正が発生しないのであれば、あなただったら3要素のどこに着目して、不正が起こらないようにしますか？
>
> 講義では、管理職向けとその部下であるスタッフ向けの研修をともに担当することがありますが、とある会社でとても興味深い討議になったことがあります。
>
> ＜管理職の意見＞
> 管理者として「②機会の認識」つまり「仕組み」を整えて不正の発生を予防する。
>
> ＜スタッフの意見＞
> 「仕組み」(「②機会の認識」)を整えることは確かに大切だが、それだけでは不正はなくならない。やはり「①動機・プレッシャー」、「③姿勢・正当化」という「心」に働きかけないと、より良い組織にはならない。
>
> なるほど、確かにそうですね。会社として「仕組み」を整えること、つまり内部統制の適切な整備・運用はとても大切なことだけれども、その一方で「不正」の起こりにくい良好な職場環境を、「人の心」のほうからアプ

> ローチして整えていくことも非常に大切なことなのです。「心に働きかける」という言葉が管理職ではなく部下の方から飛び出したのですね。管理職の人たちは上から目線で部下をどう統制するかばかりを考えていて、部下の自由な発想を奪い、堅苦しい職場を作っているのではないでしょうか？
>
> 　例えば、互いを思いやる風通しの良い職場にするにはどうしたらよいのか。「不正」の話は「かっちりと規則を作って、きちんと守らせて…」というようなついギスギスしたものになりがちだけれども、心に働きかけてこそより良い組織が作られるはず、そんなことを示唆してくれる「不正のトライアングル」です。

❷ 性悪説でコントロール

　不正とは他人を欺くことを前提とした意図的な行為であって、どのような組織であっても発生しうる事態です。いわゆる経営者不正にいたっては内部統制の無効化を図るものであり、有効な内部統制の整備・運用の枠内では対処できないといえるでしょう。

　ということは、不正に対するコントロール手法は、性悪説を前提に構築せざるを得ないということになります。不正に対する有効なコントロール手法は、不正の機会をうかがう潜在的不正実行者に脅威を感じさせ、心理的に追い詰め、不正を断念させるものでなくてはならないのです。

　これは社員間の協調的な信頼関係に価値を見出す日本企業には、かなり違和感を与えるものではありますが、まずはこの特徴をしっかり理解することが不正リスク対応のポイントになってきます。また場合によっては不正実行者以外の多数の社員間の信頼関係を損ない、士気を低下させるおそれがあることを理解し、そのバランスを取りながら具体的な整備運用を進めていく必要があるこ

とを認識することが重要になってきます。

③ 不正対策チェックリストを活用

不正対策チェックリストを活用して不正リスクの評価を実施することで、不正リスクを未然に防ぐことができます。

まず不正リスクを評価する意義を考えてみましょう。

不正リスクを評価することによって、不正防止・発見のための適切な統制手続が欠如していないかどうか、または手続が遵守されていないために生じている残存リスクがないかどうかを明らかにすることができます。

このリスク評価の結果をふまえて許容度を超える残存リスクを低減する戦略を策定し、また費用対効果の観点から対応策を講じる必要があります。その際、組織のリスク許容度に照らして不正リスク評価をしなければならないことに留意が必要です。

一般的に「不正」や「不正リスク」は非常に広義の概念です。公認不正検査士協会（ACFE）によれば、不正リスクを評価する観点として下記をあげており、いずれもチェックリストが公表されています。

- 従業員に関する評価
- 経営者／幹部社員に関する評価
- 従業員不正抑止のための物理的な統制手続
- スキミング（会計処理前の現金着服）
- ラーセニー（会計処理後の現金着服）
- 小切手改ざん
- レジからの不正支出
- 購買・請求関連の不正支出
- 給与関連の不正支出
- 経費関連の不正支出
- 棚卸資産・備品の窃取
- 機密情報の窃取
- 汚職
- 利益相反行為
- 不正な財務報告

▼ 個別チェックリスト〜サンプル例〜

キャッシュ・ラーセニー（会計処理後の現金着服）チェックリスト ■「いいえ」の項目については、早急に改善を図る。 ■「はい」の項目については、形式が整っているだけでなく、実効性を伴っていることを確認する。 ■「その他」は不明／該当なしの場合に使用し、コメント欄に詳細を記入し、早急に確認する。			
1. レジに記録された合計額とレジ引出し内の現金残高を照合している。 コメント	はい ☐	いいえ ☐	その他 ☐
2. 上記の照合は、レジ担当者以外の従業員が行っている。 コメント	はい ☐	いいえ ☐	その他 ☐
3. レジや現金保管場所へのアクセス状況は入念にモニタリングしており、アクセスのための鍵や暗証番号は厳重に管理されている。 コメント	はい ☐	いいえ ☐	その他 ☐
4. つり銭の不足や勘定処理の誤りに関する顧客からの苦情は、顧客との現金受渡し担当者以外の者が受け付けている。 コメント	はい ☐	いいえ ☐	その他 ☐
5. レジ担当者の監督は適切に行われている。 コメント	はい ☐	いいえ ☐	その他 ☐
・・・			

　このようなチェックリストを用いることによって、不正防止・発見のための適切な統制手続が欠如していないかどうか、または手続が遵守されていないために生じている残存リスクがないかどうかを検証することができます。

　ただしこれらのチェックリストは、『ある特定の時点において組織に存在する不正リスクの状態を明らかにするにすぎない』という点に留意する必要があります。組織は常に動いているわけですから、不正リスク評価プロセスの有効性を保つためには、定期的なモニタリングと更新が必要となってきます。

また、組織の不正対策の有効性をテストするための「不正対策チェックリスト」も公開されています。

◆**不正対策の有効性をテストする目的のためのチェックリスト**◆

1．不正対策トレーニングが全従業員に提供されているか？
   - ☐ 従業員は不正の定義を理解しているか？
   - ☐ 利益損失、悪評、雇用削減、モラルおよび生産性の低下など、企業とその従業員が不正で被る被害を、従業員が明確に理解しているか？
   - ☐ 倫理的に判断が困難な状況に直面した際の、相談窓口は従業員に周知されているか？
      ・・・

2．効果的な不正通報システムが整っているか？
   - ☐ 従業員は不正行為の通報手段を理解しているか？
   - ☐ 第三者による内部通報窓口など、従業員は匿名の通報手段を利用できるか？
   - ☐ 不審な行動に関する通報は匿名および／または内密に扱われ、報復を恐れずに通報できるとの信頼が、従業員の間に存在するか？
   - ☐ 不審な行動の通報に対して早急かつ徹底的な判断が成されることが従業員に明確に伝わっているか？
      ・・・

3．不正発見に対する従業員の認識を高めるために、以下のような積極的な対策が行われ、従業員に公表されているか？
   - ☐ 潜在的な不正行為を積極的に追求しているか？
   - ☐ 組織は、監査人による不正調査尋問を通じて、不正行為を積極的に追求しているというメッセージを発信しているか？
   - ☐ 定期的な不正の監査の他に、抜き打ち監査が行われているか？
   - ☐ 不正発見に監査ソフトウェアが継続して使用されているか？・・・

---

❹ 不正リスクマネジメントとコンプライアンス

不正リスクマネジメントに積極的に取り組むことは、組織として存続していくための必須の行動です。すべての不正リスクを根絶することは不可能だとし

ても、不正リスクに対する効果的なガバナンス体制を構築し、不正リスク評価を徹底し、強固な不正防止・発見体制を整え、組織的かつ適時に実施しうる調査および是正措置の体制を築きあげることで、不正リスクは大幅に削減されるといえるでしょう。

　このような不正を許さない職場環境、組織風土や企業文化を構築していくことは、コンプライアンスに通じていきます。すなわち不正リスクマネジメントへの建設的な取り組みは、「会社等の組織が法令・企業倫理などと調和しながら、適正かつ健全な事業活動をしていくための組織としての仕組みや理念・人々の心のあり方等の総称」としてのコンプライアンスの構築につながっていくのです。

　不正リスクマネジメントは、単に不正を防止し、発見するためだけのツールではありません。経営者は不正リスクに対する経営責任を果たすために、会社が誠実かつ倫理的に行動することについての組織的なコミットメントを確立し、促進し、そしてモニタリングすることが求められています。これを実現するのが不正リスクマネジメントであり、内部統制の整備・運用と併せて、会社が取り組むべき喫緊の課題です。

　不正リスクマネジメントは、真の企業価値を高め、会社が持続的に成長していくための戦略の要であるということを理解していただけましたでしょうか？

> 「人の行動にはそれぞれ理由があり、従業員がなぜ不正行為をしてしまうのかを理解することは、それを防止する方法を考え出すための鍵となる。」
>
> 　　　出典：ジョゼフ・T・ウエルズ著　『企業不正対策ハンドブック　－防止と発見－』

▼**参考文献**
・「企業不正防止対策ガイド」 日本公認会計士協会出版局
・「2012年度版　職業上の不正と濫用に関する国民への報告書」 公認不正検査士協会（ACFE）

第8章

経営に会計を活かす

　会計士の観点から見た「会計」の世界観は、いわゆる一般的な財務諸表の説明（読み方の解説）には留まりません。なぜなら会計士というものは、クライアントの現状を把握するとともに、会社が何を目指し何処へ進もうとしているのか、一緒に悩む仕事だからです。

　戦略的な思考だったり、マーケティングの観点だったり、あるいは経営理念に関わる話だったり。

　このあたりの話を、少しいたしましょう。

第1節
もし自分が経営者だったら

　もし自分が経営者だったら、自分の会社をどうしたいと思うでしょうか？
　　・大きく成長させていきたい？
　　・果敢に攻める？それともあまりリスクをとらずに安定的にいくか？
　　・売上を伸ばす？もしくは利益を上げる？
　　・さて、そのためにはどうしたらいいのだろう。
　　・景気が悪いときはどうする？人件費をカット？
　　・そうすると何が起こる？短期的には？長期的には？
　決算書は写像であって、過去の成果にすぎません。それをもとに会社の将来像をどう描いていくか、その経営方針によってこれからの数字は動いていくのです。

① 「成長の限界」への挑戦

　「良い会社」の事例で取り上げたスターバックスコーヒー。そのスタバだってのんびりしてはいられないのです。
　例えば、皆さんはどういったときにコーヒーを飲みますか？
　　・朝目覚めたとき
　　・食事の終わりにほっとひといき
　　・仕事で煮詰まってしまって、気分転換したいとき　など
　きっと人それぞれいろいろありますね。
　ではスタバの経営者になったつもりで考えてみてください。店の売上をさらに伸ばすには、どうしたら良いでしょうか？いわゆる「シアトル系」コーヒーとして一世を風靡したスターバックス。コーヒー中心のメニューだと、利用客はどうしても朝や昼食後に集中しがちです。あなたが経営者、もしくは店長だっ

たら、どうやって集客の工夫をするでしょう？

　例えば、夕方来店した学生たちを、店のエリアを分けて"混んでいなければ自習OK"と誘ったり、スマホを充電したい人たちのためにコンセントを用意したり。エリアを最初から分けておけば、混雑してきて席を譲ってほしいとお願いすることも楽にできるかもしれません。

　また最近では、アルコールや軽食を提供して夜間の利用客を開拓しはじめました。都心の限定店舗ではありますが、コーヒーチェーンとしては画期的な取り組みですよね。ワインやビールを出すと、どうしてもガヤガヤとしたイメージが高まりますから、現状では都心の高級住宅街限定なのでしょう。新橋のスタバで同じことをしては、居酒屋との一線を画すのが難しくなってしまいます。さらなる工夫も必要でしょうし、今後の展開に注目したいところです。いずれにせよ夜間の利用客を取り込むことは、財務的には"回転率を上げる"という点で有効です。絵本を並べ幼児が遊ぶスペースの周りにソファを配置し、子連れママを顧客に取り込んでいる店舗もあります。

　また北米の直営店では、朝の混み合う時間帯にコーヒーを待つ時間をなくすため、モバイル予約・決済が始まりました。これもいずれ日本で普及するでしょう。

　このようなスタバの危機感はいったいどこからくるのでしょうか。実はスタバを取り巻く環境は、決して安泰ではないのです。

　コンビニなどで提供し始めた安価なコーヒーが広がりを見せ、飲んでみれば味もなかなか。ファミリーマートは消費税の増税に逆行して1杯100円に値下げをし、セブン-イレブンは1年間で4億杯（2013年度）を売り上げる市場にまで成長し、2014年8月末までに9000店舗をマシン2台体制にすると発表しています。そのため氷納入業者も大忙しとか。

　タバコを吸うサラリーマンが多くいるイメージのドトールや、スタバより少し廉価なイメージのプロントでは、コンビニと差別化するために高級化路線を

打ち出しています。おもてなし、雰囲気を含めた総合的価値の提供を目指しつつあり、こうした路線転換はスタバにとっては、サービスが似通ってきますから脅威です。スフレで有名な星乃珈琲店はドトールと同じ傘下のブランドです。ドトールではなく星乃珈琲店というだけで、ぐっとお洒落感がアップしますよね。

　このように、いくらスタバが心を込めたサービスと商品で、サードプレイスとしての場や雰囲気を提供したとしても、皆同じコーヒー市場で争っていることに変わりはありません。

　そして最近の「サードウェーブ」といわれる新しいコーヒー・カルチャーの波。豆の産地を重視し、豆の個性を最大限に引きだす淹れ方を追求する新しいコーヒーの広まりです。単１種の苗木から収穫されたコーヒー豆だけを使用する「シングルオリジン」であり、ブレンドせずに単一のコーヒー豆を使うことで、ワインのように品種や土地の風土などの個性をダイレクトに味わえるのが、シングルオリジンコーヒーの魅力といわれています。

　アメリカ西海岸発祥のブルーボトルコーヒーは、この「サードウェーブ・コーヒー」です。「コーヒー業界のアップル」「フェラーリ並みのコーヒー」など、数々の異名をとるブルーボトルコーヒーが、今年日本法人を設立し、東京江東区に初上陸します。

大手コーヒーチェーンとの最大の相違点は、店舗が画一化されていないことです。それぞれの地域に溶け込むように、それぞれの店に特徴があるのです。食事をだす店舗もあるようです。
　また世界各地のコーヒー豆に対する顧客の反応を知るために、無料の試飲会も開かれます。試飲会を開くことによって、潜在的な顧客も含めたお客様にサービスをしつつ、消費者の需要動向を上手につかんでいるのですね。徹底したカスタマーサービスと目の前で焙煎してくれるこだわりの味にファンを続々と増やしているのです。

　ブルーボトルには、名だたるベンチャーキャピタリストや投資家から資金がどんどん集まります。好循環が好循環を呼び、会社が急成長していることが伺えます。このような段階の会社は、もちろん増収増益で売上も営業利益も伸ばしつつ、積極的な投資を行っていますから、営業活動によるキャッシュ・フローと財務活動によるキャッシュ・フロー（借入）で得た資金を積極的に投資活動によるキャッシュ・フローへと投下しているはずです。借入も増大していますから、必ずしも自己資本比率、流動比率や当座比率は良くないかもしれません。しかし、明確なビジョンのもと事業を拡大させ急成長しているわけですから、ひとつひとつの指標のみならず、総合的な視点で判断をする必要があります。
　Wifi環境の整ったスタバにビジネスパーソンが集まるのと異なり、バリスタとコーヒー豆について語り合いながら、豊かな時間を過ごすというコンセプト。CEOは「Excellenceを追い求めている」と断言しています。深入りで苦味のある味を楽しみ、品質をマニュアル化してきた第2の波がスタバであるならば、甘くてやわらかく、大都市で産地を厳選したフレッシュな最高のコーヒーを提供する第3の波が到来しています。これをスタバはどのように乗り越えるのでしょうか。

　スタバの決算資料を検証すると、売上を牽引しているのはドリップではなく

フラペチーノであることがわかります。2014年に入ってから、桜、まるごとバナナ、まるごとクッキーと立て続けにヒットを飛ばしました。このように次々と新しい限定フラペチーノ（デザートフラペチーノ）を展開する戦略は日本独特のものです。
　一方、本場のアメリカではリターニング・フェイバリットといって、人気のあるものを繰り返し出し続ける戦略をとります。これはチョコレートなどのお菓子などでも、日本は次々と新商品を開発して世に送り出すのと対照的に、欧米ではヒット商品を末永く愛し続ける文化があるのです。常に新しいものを追い求めながら売上を伸ばしていこうとする日本人の嗜好性と、それに見合った戦略とを見定めながら、スタバは成長を模索し続けているのです。

　私がよくお邪魔する地元の昔ながらの珈琲店のマスターは、「まずブレンドを頼んで。そうすれば、店の味のポリシーがわかるから」と仰います。確かに従来は「ブレンド」の淹れ方が店の特徴を表していたのでしょうし、これからも「ブレンド」にこだわり続ける珈琲店もあるでしょう。その一方で、これからは「この産地のこの豆で淹れています」というような、さらに細分化したこだわりをもつ珈琲店もでてくることでしょう。

　スタバの登場によって、スペシャルティコーヒーが生まれました。それにより消費者は、おいしさと味のキャラクターと満足とを十二分に堪能してきました。そしていま、サード・ウェーブ。スタバとしても、バリスタ（コーヒーを淹れる従業員）を再教育したり、不採算店を閉鎖したり、自分たちのあり方をしっかり見据えて戦略を練り直す時期にきているのかもしれません。
　いつまでも今のまま成長し続けることはありません。「成長の限界」を見極め、未来を見据えてしっかりと舵をとれるかどうかが、会社の成長の鍵だと感じています。長期的・大局的な視点で、いまに安住することなく「成長の限界」に挑み続けてこそ、会社は成長していくのです。
　数字を見て現状を把握し、戦略を練って次の段階へと進んでいく。そして

その結果が再び、数字となって現れてくる。戦略は経営者の強い想いであって、会社のストーリーです。ストーリー（story）が紡がれた結果、ヒストリー（history）になっていく。会社とは、そう、生き物なのです。

コラム　ミツカンがパスタソースを買収!?

> 2014年5月22日
> 　ミツカングループ（愛知県半田市）はユニリーバから「ラグー アンド ベルトッリ」ブランドのソース事業を21億5000万ドル（約2170億円）で買収することで合意したと正式発表した。これによりミツカンは北米事業を強化し、国際的な食品メーカーとして大きく前進することを狙う。

　「味ぽん」で有名なミツカンホールディングスが世界的な食品大手ユニリーバ社から、パスタソースブランドを、2000億円を超える金額で買収すると発表しました。

　この21.5億ドル（2170億円）という買収額、どのくらいの大きさがイメージつきますか？実はミツカンの2014年2月期の連結売上高は1642億円、連結経常利益は212億円です。つまり1年分の売上高より大きな買い物をしているのですね。個人で考えれば、自分の年収の1.3倍の買い物をしている感じです。

　ミツカンは非上場ですから詳細はわかりませんが、実質上の無借金経営だったと1われています。加えて非上場で長いこと同族経営ともなれば、身内同士の甘えや金銭感覚の欠如が起きてしまうことは避けられません。上場会社のように株式市場の洗礼を受けるでもなく、取引銀行からのチェック機能も働かないからです。ですからもともとは、それほどリスクをとる会社ではなかったはずです。

でも今回、社運をかけた大型買収に乗り出しました。国内市場の縮小に危機感を抱き、会社としての生き残りを賭けているのですね。

さすがにこの買収を経ても無借金で…というわけにはいかないと思いますが、それでも潤沢な自己資本があったからこそ、大きな賭けにでることができたということは間違いないでしょう。もともと自己資本比率が低かったら、つまりすでに相当の借金をしていたならば、信用の問題もあってさらなる借入は難しいでしょうし、返済負担を鑑みても及び腰になってしまったかもしれません。

創業210年の老舗は、創業家以外から初の社長を就任させる体制刷新を図ったばかりでした。北米で高いシェアを占めるブランドを傘下に組み込むことで、海外売上の比率を５割以上に高めることになり、一気にグローバル企業への脱皮を進めています。少子高齢化で国内の食品市場は成熟期を迎え、買収をテコにして北米や新興国など成長の見込める海外市場へと進出しているのです。

② トレードオフの意識

『競争の戦略』を著したマイケル・E・ポーターによれば、会社は市場における競争優位を保つために、下記の３つの基本戦略のいずれかを選ばなければならないと説きました。1980年代の「戦略」の考え方です。

コストリーダーシップ戦略	市場で最も低いコストパフォーマンスを実現する
差別化戦略	他社とは違うユニークな商品・サービスを提供する
集中戦略	ニッチな市場を支配する

適切なときに適切な戦略を選択できるかどうか、それが経営者の腕の見せどころです。そしてこれらの基本戦略は、次の５つの競争力要因（5 forces）に

よって影響を受けています。いずれも会社の収益性に大きな影響を及ぼします。

顧客（買い手）の交渉力	価格設定に影響し、顧客の交渉力が強ければ利益を引き下げる
サプライヤーの交渉力	価格設定に影響を及ぼす
代替品の脅威	代替品があると市場での自由度を制限し価格を引き下げ、結果的に利益を低減させる
業界内部の競争相手	成長率が低い産業や顧客のパイが限られている産業、また固定費の高い産業では価格競争が起きやすく、その結果、利益率が低下する
新規参入の脅威	外食や小売などのように、比較的新規参入が容易であると、競争が激化して顧客を奪い合い、価格や収益を低下させることになる

しかし近年、市場の変化が著しい現在、会社は戦略の適切な選択で競うのではなく、すべての戦略の最前線で同時に競わなくてはならないと考えられています。5つの競争力要因との関連で自社をポジショニングするだけでは足りません。会社は、業界ルールを自社に有利に書き換えるために、5つの競争力要因をいかに活用できるかを考え続けなくてはならないのです。

このように考えてくると、「戦略」について大切なことは下記の点であると思います。

> ①戦略の基礎となる中核事業を特定すること
> 　ここで中核事業とは、魅力的な分野にあって、自社が競争優位を保てる事業のことをいいます。
> ②トレードオフの意識をもつこと
> 　卓越するということは、その他のことにあえて注力しないという選択をするということです。すなわち、他社より抜きんでるということは、あるひとつの事柄についての達人になることであり、何でも屋としてその他大勢に埋もれてしまわないことを意味しています。

このようにトレードオフを理解するということは、「選択と集中」であるとともに「何かをあきらめること」でもあり、顧客に提供するものを意図的に限定することです。戦略の本質は何をすべきか、そして何をやらずにおくべきかと

いうことを明確にすることだと思います。

③ ストーリーからヒストリーへ

　例えば2015年春に開業する北陸新幹線（かがやき）を考えてみましょう。
　東京から金沢へ行く場合、皆さんはどのような経路を考えるでしょうか？飛行機、JR、夜間高速バス、車など。例えば私の場合、車を長距離運転することができないので、ひとりで金沢へ行く場合には車という選択肢はなくなります。またJRと飛行機とを比べると、空港での待ち時間や空港までのアクセスの問題もありますから、東京駅から金沢駅へ行くとするといずれも4時間強となり、路線としては拮抗します。ちなみに東京から金沢までの大人普通運賃（片道）では、JRは飛行機の約55％ほど、価格競争という点ではJRに軍配が上がりますね。
　これが2015年春に北陸新幹線が開業するとどうなるでしょうか。いままで乗り換えの必要だったJRが東京駅から金沢駅まで直通となり、しかも時間は2時間22分、料金は現状とさほど変わらないといわれています。東京駅を起点とした場合、時間的にもコスト的にもJRが飛行機を凌駕して、圧倒的な競争優位に立つことになります。

　先日JALの方の話を伺う機会がありました。私が想像していたとおり、東京（羽田）〜金沢（小松）ルートにとって、JALのライバルはANAではなくJRだと仰るのです。つまりM.E.ポーターのいう「業界内部の競争相手」ではなく「代替品の脅威」なのです。「業界内部の競争相手」ではなく、「代替品の脅威」という同様の例として、カーナビにとってのスマホ（地図アプリや位置情報）の登場などもあげられますね。業界内を見ているだけでは、あっという間に時代の波に飲み込まれてしまいます。
　ちなみに価格競争という意味では、JRよりもさらに安価な夜間高速バスがあります。あくまでも夜間ですから、時間的な競合はありませんが、寝ているうちに着いてしまうという手軽さに一定の需要があります。昔の夜行バスと異

なり、最近はリクライニングのできる独立したシート、スリッパや毛布付きというサービスが当たり前です。価格は安いので、どこでも寝ることのできる人、また日中の移動時間を惜しむ人には非常に快適です。

海外からの観光客も多い高山のバス会社にとっても、北陸新幹線はかなりの脅威です。よく考えてみれば、確かに東京在住の人間は名古屋経由で高山に入っていました。少々時間のかかるルートですから、従来であれば高山に泊まって消費をします。お金を落としていきますよね。

しかし北陸新幹線開業の暁には、東京から2時間強で金沢へでて、そこからバスで高山に入るルートができるでしょう。そうすると金沢に泊まって高山は日帰りコースになる可能性がありますよね。それは高山の街にとっては、高山の地で消費がなされなくなるという大打撃なのです。

激変する環境下で、経営者としてどういう意思決定をするのか。未来を見据えつつ、いまをどう生きるのか。その舵取りをする上で、現在の会社の姿を映し出している決算書を正しく読めるようになることが必要です。

「前年と比較して売上が10％少ないから、もう少し営業を頑張って昨年並みの売上を達成しましょう」。

このような数字の読み方をしている会社には、明るい未来はないと思います。これでは往々にして数字が足かせとなり、「その目標数値さえ達成すれば免責される」というような後ろ向きな風潮しか生まれません。現場の底力を削いでいくばかりです。その数字の意味を考えることなしに単に目標としても、それは無機質で味気ないものとなってしまうからです。

いま目の前にある数字の意味を読み、なぜこうなっているのか原因を探り、これからどうしたいのかを考え、そのためにあるべき数字を組み立てていく。それが経営者のなすべき仕事です。

戦略は静止画像ではありません。動画であり、ストーリー（story）であって、そのストーリーの積み重ねが会社のヒストリー（history）になる。北陸新幹線

が開業した暁に、JAL はどのようなストーリーを描きだすのでしょう。今後どのように両者が競合していくかが、非常に興味深いところです。

> **コラム**

国内線運賃値上げ!?

円安に伴う燃料費の高騰が業績の重荷となり、JAL、ANA が 2014 年 7 月 4 日から 6 年ぶりに国内線運賃を引き上げました。各種割引適用後の平均上げ幅は JAL1.5％、ANA1.8％。格安航空会社（LCC）、新幹線との競合が激化するなかでのギリギリの料金戦略です。

実は航空会社にとって「燃料費」は営業費用の 25％程度を占めます。昨年来の円安で、2014 年 3 月期の燃料費負担増は JAL で約 370 億円、ANA で約 660 億円に達しています。収益改善のためには、値上げをせざるを得ない状況に追い込まれていたようです。

旅客輸送実績を見ると、昨年の国内線旅客数は 9105 万人、前年比 7.2％の伸びです。しかしその大半は新規参入した LCC の押し上げ効果であり、JAL や ANA の旅客実績は横ばいが続いています。国内航空大手の収益モデルは国内線で安定的に稼ぎ、収益の振れやすい国際線で成長を取り込む形ですから、円安で燃料費がかさむと収益基盤が揺らいでしまうため、今回値上げに踏み切らざるを得なかったのでしょう。

とはいえ事情は複雑です。JAL は公的支援で再生したばかり。値上げは消費者の理解を得られるでしょうか。また LCC や新幹線にとっては、JAL や ANA の運賃値上げは旅客を獲得するビジネスチャンスの到来です。値ごろ感を前面にだして猛攻をしかけてくるでしょう。

一般に鉄道と航空の競合では「4 時間の壁」があるといわれています。つまり移動時間が 4 時間を切ると新幹線が有利になるのです。

現に2010年に東北新幹線が新青森まで延伸した際は、東京—青森間で鉄道がシェアを伸ばし、現在は旅客輸送シェアの8割を鉄道が握っています。東京—岡山間、東京－広島間も実は約6割を鉄道（新幹線）が占めています。加えて2015年春には北陸新幹線、2016年春には北海道新幹線が開業します。東京—金沢間の鉄道シェアは現在37％ですが、北陸新幹線が開通して東京－金沢間が2時間半で結ばれれば、シェアが大きく変動する可能性が高いでしょう。

　値上げで収益を改善するだけではなく、その後のサービス・品質の向上などで鉄道やLCCへの旅客流出をどこまで抑えることができるかが、今後の鍵を握っていると考えます。

第2節
もし自分が営業職だったら

① 費用対効果

　営業職で働く人にとってノルマ（営業目標）はつきものです。しかし、ちょっと待ってください。その目標数値は売上ベースではありませんか？もちろん売上を上げることは、会社にとって大切なことではありますが…。

　ではここで問題です。次にあげるAさんとBさん、どちらの人が評価されるでしょうか？
　　　Aさん　前期の売上10　→　当期の売上　12
　　　Bさん　前期の売上10　→　当期の売上　11
　前期の売上は同じ、当期の売上はAさんのほうが多いから、答えは当然Aさんです。

　では、さらに条件を加えます。
　　　Aさん　前期のコスト5　→　当期のコスト　9
　　　Bさん　前期のコスト5　→　当期のコスト　6
　費用対効果（生産性、効率性の良さ）を考えれば、Aさん=12/9　<　Bさん=11/6で、答えはBさんになります。

　さらにCさんとDさんの場合はどうでしょう。
　　　Cさん　前期の売上10、コスト6　→　当期の売上9、コスト5
　　　Dさん　前期の売上10、コスト7　→　当期の売上11、コスト9
　前期の売上は同じ、当期の売上をより上げているという点では、Dさん。ただし、前期の費用対効果は、Cさん=10/6　>　Dさん=10/7、当期の費用

対効果は、Cさん=9/5 ＞ Dさん=11/9。したがって、費用対効果を考えればCさんのほうが効率の良い仕事をしていることがわかります。

　すなわち、単純に売上金額（絶対額）だけで人を評価することはできないということです。これは評価する側の立場の人にも理解してもらわなくてはいけないことですが、会社が何を目指し、どこをテコにして成長していきたいのかによって、評価するものさしも本来は変わってくるということを意味しています。現実は売上金額の棒グラフを作って、単純に絶対額で評価されてしまいがちですが、それではほんの一側面しか評価できていないということなのです。

　自らの仕事の費用対効果を意識する、つまり効率的な仕事の進め方をしているかどうかを意識することは、我々ビジネスパーソンにとって非常に大切なことだと思います。

コラム　なぜ前年同月と比較するの？

　「現在、昨年同月の売上の90％を達成しているから、あともう少し頑張ろう！」と上司が部下を叱咤激励する、このような場面はよくありそうですね。

　でも、昨年と同じ売上を上げれば、それで免責されるのでしょうか？そもそも昨年と現在では、自社を取り巻く内外の環境がこんなにも変わっているのに、「過去」である「昨年」を目標値としてどのような意味があるのでしょう？

　このような叱咤激励は、決算書の数字を読めていない証拠ですよね。

❷ 営業職が気を付けたい決算書の読み方

　先日、とある会社の営業職向け財務研修で、「決算書から考える営業アプローチ」という事後課題をだしました。その会社の提供する商品と関連性が深く、かつ誰でも知っている有名な会社をターゲットとして、
　　①ターゲット企業の決算書の財務分析（定量情報）：収益性、安全性、成長性、
　　　生産性など
　　②ターゲット企業の有価証券報告書や決算短信、ホームページから得られる
　　　定性情報
を記載してもらったあと、この①②をもとに「営業アプローチをする上での留意点」まとめてもらいました。

　誰でも知っている有名な会社をターゲットとしたことには、いくつかの理由があります。ひとつは、決算書をはじめとして情報（定量、定性とも）を入手しやすいこと、またイメージしやすいこと。そしてふたつに、有名であるがゆえに第一印象として好印象を抱きやすく、営業アプローチしようと思うインセンティブが働きやすいこと、です（ダニエル・カーネマンのいう「バイアス下での意思決定」）。
　しかし予想外のことが起きました。意外なことに、「営業アプローチをしようと思わない」と結論付けた人が若干名いたことです。回答で求めているのは「営業アプローチをする上での留意点」であって、「営業アプローチをすること」を前提としているにも関わらず、です。

　なぜそのような回答があったのかをしばし考えました。
　確かに財務分析した定量情報だけを見ると、現時点では自己資本比率が小さいなど、一見して「良い会社」とはいいがたいのです。しかし、定性情報を丁寧に収集すると、ターゲット企業の自己資本比率が小さいことには理由があり、①東日本大震災の影響、②将来を見据えての積極投資という、しっかりとした

第8章　経営に会計を活かす

理由がつくものだったのです。それをふまえて自社の商品との関連性を考え併せれば、十分に魅力的な取引先に映るはずです。にも関わらず、「自己資本比率が低いので営業アプローチをかけるような、魅力的な会社ではない」と結論づけた人が数人いたということ、これは非常に悩ましいことです。

　「会計」「財務」の講義を受けて決算書を読めるようになり、分析ができるようになったという点では「会計が嫌い」というひとつの課題をクリアできたことになります。
　しかし一方で、数字は客観的であるがゆえに、人の思考を縛りやすいのも事実です。数字にとらわれすぎてしまうのです。先の例でも、自己資本比率が低いというその事実だけでターゲット企業を評価してしまい、なぜ自己資本比率が低いのか、きちんとした理由がつくのに、そこまで思いがいたらなかったのでしょう。

　我々は将来を見据えなくてはいけません。決算書はもちろん事実です。でも過去の一時点の結果でしかありません。その数値に基づいて未来をどう組み立てていくか、その具体的なイメージをもつことが大切なのです。
　このような未来志向、前を見据える姿勢は経営者でも営業職でも同じように大切なことです。営業職であればこそ、決算書の数字と定性情報（もちろんここには、営業職としての直感も含みます）とを上手にバランスよく組み合わせて、積極果敢に攻める姿勢が大切なのではないかと思います。

　営業職にとってのロスとは、売れなくて在庫を抱えてしまうロスとともに、みすみす機会を逃してしまうチャンスロス（機会損失）があると思います。決算書の数字だけでは、チャンスロスは見えません。新しい機会をどうとらえるか、プラスと見るかマイナスと見るかは、その人のリスク感受性にも依存します。
　　✓情報収集のアンテナを大きく張り、定量情報と定性情報をバランスよく分析すること

- ✓営業職としての直感（定性情報）だけに頼らないこと
- ✓決算書の数字（定量情報）だけに偏らないこと
- ✓営業職であればこその果敢な攻めと商機を見出す力を養うこと（チャンスをつかみ、リスクに立ち向かう）
- ✓あきらめない姿勢とどんな小さな変化も見逃さない繊細さをもつこと

現場の第一線で戦う営業職にこそ、会計のエッセンスを学んでほしいと思っています。

コラム

本当にそれだけの価値がある？

　監査では、売掛金滞留調査や棚卸立会が非常に重要な手続です。「資産」として計上する以上、きちんとそれだけの価値がないならば、損失として落とさない限り、正しい財政状態を示せなくなってしまうからです。一方、会社としては自分たちの決算書をよく見せたいと思っています。でも在庫が滞留していたり、万一紛失していたりしたら、どうするでしょうか？

　私がお邪魔していた住宅メーカーではこんなことがありました。
　住宅メーカーにとって仕掛品は何だかわかりますか？仕掛品は作っている途中の家そのものなのですね。工事が進んでいればその分原価がつみあがって仕掛品としては価値を帯びてきます。その一方で、工事が進んでいないのにあたかも完成直前のように原価を計上するのは、架空の資産を計上していることになります。
　この会社では、期末直前、当期の売上を伸ばしたくて先に顧客に引渡しを行い、でもやっぱり工事が完了していないので、翌期に入ってから慌てて工事の続きをしていたり、ちょっとというかかなり怪しい雰囲気がもともとあったのです。しかもその会社では、棚卸立会をする建設途上の住宅を見学する順番を会社が決めてきて、会社の担当者が車で順番に連れて行ってくれるのです。

あるとき私は、この裏を突きました。つまり棚卸立会に伺う家の順番を当日急遽入れ替えてもらったのです。担当者は慌てて現場に連絡をしています。

それでも無理をお願いして現地に車を走らせてもらうと…なんと案の定、「内装は完了、あとは外溝のみ」といわれていた物件で、慌ててなかから機材が運びだされています。なかをのぞくと壁紙すら張ってありません。順番どおりに家を回っていたら、おそらくドアには鍵がかけられ、車でそばをスルーする程度だったのかもしれません。何せ立会いする件数がそれなりに多くて場所も離れているので、かなり効率的に回らないと終わらないのですよね。

見たいと思ったものをすべて見終わらないことを覚悟で、でもどうしても怪しいと目星をつけた物件を優先して見せていただいた結果、そのうちのいくつかは資産性に疑義がある、つまり資産価値がないことが判明したのです。

監査はこのように「リスクアプローチ」という、①全体を見渡しつつ、そして②危なく怪しいところをくんくんと嗅ぎ分けて、そのポイントをしっかりと攻めるという手法をとります。決算書の数字も漫然と眺めるのではなく、①全体を見渡しつつ、②ポイントを押さえ、③強弱をつけて読み込む（検証する）工夫が必要です。

第3節
もし自分が経理職だったら

「経営に会計を活かす」という観点で、もし自分が経営者だったら、もし営業職だったらと仮想して話を進めてきましたが、最後に「もし自分が経理職だったら」という視点で話をして参りましょう。

1 「経理」という仕事

皆さんは「経理担当の人」と聞いて、どのようなイメージを思い浮かべるでしょうか。

- まじめ
- 几帳面
- 数字に強い
- 賢い
- 簿記3級

このくらいならいいのですが、さらに、

- 細かいことにうるさい
- 暗い　・・・などなど。

これはかなりの確率で、世間が会計士に対して抱いているイメージと同じものです。数字を几帳面に扱うという仕事柄、例えば営業職の方が"おおらかで陽気で、細かいことにとらわれない（逆にいえば、きちんとしていない、だらしないとか）"とイメージされるのとは対照的に、細かいことに口うるさく、くら～いイメージがつきまとうのです。残念ながら。

でもこれは仕方がありません。

なぜなら、経理担当が数字に適当で細かいことを気にしない人だったら、会社として大惨事です。日々の現金残高が合わないとか、得意先に送った請求書の金額が間違っているとか、仕入先の支払期限を守れないとか、それは会社にとって大変なことですよね。決算にいたっては、貸借対照表の左右の数字がバランスしないとか、税金の計算ができず納税額が正確に算定できないとか…。経理担当である以上は、その人の性格がどうであれ、性に合う・合わないは別として、几帳面にきちんと仕事をすることが求められているのです。

我々会計士にとって、経理の方々は大切な仕事のパートナーです。経理から数字が上がってこなければ、私たちは何も仕事ができません。つまり経理が決算数値を作ってくれなければ、我々会計士は「監査」をすることができません。「二重責任の原則」といって、会社の数字を作る責任は経営者にあり、それを監査する責任は会計士にあるのです。つまり、会社の作った決算書に対して、外部の第三者として信頼性を担保するのが「監査」という仕事だからです。

ちなみに会社では「経理」と「財務」と部署が分かれていることがありますね。これはなぜだかわかりますか？

専門用語でいえば、これは「職務分掌」を意味しています。つまり、実際の現金出納を扱う担当（財務）と記帳をする担当（経理）とを分けているのです。会社によって部署の呼び名はさまざまだと思いますが、部署名が分かれているか否かに関わらず、少なくとも担当者を分けておく必要があります。現物をさわることのできる人が帳簿の記載もできる（伝票を切れる）とどうなるか、申すまでもありませんよね。いくらでもお金を使いたい放題…つまり不正の機会を与えてしまうことになるからです。加えて、現金出納係を長年同じ人に任せることも、「不正」という観点からは余り望ましくありません。確かにベテランとして信頼をおけるかもしれませんが、同じ人物が同じ業務を続けることは、やはり不正の機会を与えてしまうことになるのです。ですから「不正」という点からは「ジョブローテーション（配置転換）」も非常に重要な視点です。

「信頼」と「不正」のトレードオフ。性善説に立つ日本人にとって性悪説に立って考えなければならない「不正」は、バランスをとることが非常に難しい論点です。不正をなくそうと頑張りすぎてしまうと、職場のやる気を削ぎ、雰囲気を悪くしてしまい、結果として会社の成長を阻んでしまいますからね。

　現物を扱う担当を「経理」という仕事に含めて呼ぶか否かは会社によりますが、いずれにせよ、「経理」は数字を扱う仕事です。会社の活動をお金に換算して数字で表現したものが決算書ですから、「経理」という仕事は非常に大切であることはいうまでもありません。

コラム 経理の仕事

　経理の仕事は大きく3つに分類されます。「日々の経理業務」「月次の経理業務」「年間の経理業務」です。

　まず「日々の経理業務」は、現金の出納管理や立替経費の精算業務、伝票の記帳・整理などです。これらは、一般に経理の仕事としてイメージがしやすいですね。

　また会社の規模が大きくなってくると、システムを前提とした経理業務が必要になります。例えば販売管理システムで受注・出荷・売上情報を集計し会計伝票へ取り込む、在庫の入出庫処理チェックをする、取引先の信用調査をするなどがあるでしょう。

　次に「月次の経理業務」としては、得意先への請求・回収、仕入先への支払業務、従業員への給与計算・支払などがあります。それぞれ一定の締日を設けて、まとめて月次で集計・処理します。また、支払のための資金繰り検討や、滞留債権の管理・回収も、経理にとっての重要な仕事です。

　さらに月次決算や予実管理もありますね。月次決算の目的のひとつは、

経営にとって有用な情報を迅速に開示することにあります。つまり予算・計画と比較をし、早期に会社の実情を把握して、迅速かつ的確な対応をすることができるのです。もちろん、月々で帳簿の整理を確実に遂行することにより、年度末の決算がより確実に行えるようになります。

最後に、「年間の経理業務」です。経理の仕事の最大の山場といっても過言ではないでしょう。「決算の取りまとめ」です。会社の規模に関わらず、年1回は必ずしなければならない業務です。年次決算のあとには税務申告がありますし、場合によっては会計監査対応、決算短信や有価証券報告書などの開示資料作成といった業務も控えています。

さらに株主総会の準備や社会保険や労働保険関係の事務、給与計算、源泉徴収税の管理・支払、来期の予算の立案など、総務や人事のような仕事を経理が担当することもあります。

例えば期末の実地棚卸、現金預金の残高確認、売掛金の滞留調査、いずれをとっても経理の数字がなければ仕事が進みません。予算編成も、法人税や消費税の確定申告、株主総会で報告する資料の作成なども同様です。「会計」という仕組みを利用して会社の姿を数字で表現している以上、「経理」の仕事は会社のすべての業務のベースになっているといっても過言ではないでしょう。

② これからの経理担当者に期待されるスキル

会社経営の根幹を支えるといえるほど幅広い業務を担当する「経理」の仕事。まじめに几帳面に数字と向き合い、淡々と日々の業務をこなさなくてはいけないことはいうまでもありません。もし新人担当者が「今回はこんな会計処理にチャレンジしてみました！」などと独創性を発揮してくれては、非常に困りま

す。なぜなら会計方針は継続的に採用して、決算書の比較可能性を保持しなくてはいけませんからね。

このように考えてくると、経理は確かにクリエイティブで独創性に富んだ仕事ではありませんが、これからの経理担当者に私がぜひ期待するスキルがあります。
　①問題の本質を見抜く会計の専門知識と課題解決力
　②経営を取り巻く問題を常に把握する情報収集力
　③相手を納得させる力
　④採用した会計方針を実務に落としていく実践力
　⑤決算書を全体から見渡せる俯瞰（ふかん）力

①問題の本質を見抜く会計の専門知識と課題解決力

　「数字を読む」だけではなく「数字を作る」という観点で見ると、やはり会計はプロフェッショナルの領域です。会社の実態をどのように数字に落とし込んでいくのか、そこには深い専門知識と課題解決の能力が求められてきます。

②経営を取り巻く問題を常に把握する情報収集力

　会社を取り巻く経営環境は、日々刻々と変わっていきます。タイムラグがあるものの、実は会計も時代に合わせて変化していきます。
　会社を取り巻く状況がどのように変化しているのか、またそれに応じた会計処理のあり方はどうあるべきなのか、常にアンテナを高く張って全体を見渡し、さまざまな情報を収集する力が必要になってきます。

③相手を納得させる力

　決算に関わる会計処理は判断を伴います。といいますか、白黒はっきりしている単純な処理などほとんどなく、ほぼすべてがグレーゾーンの判断を伴

うものばかりです。会社の実態を適切に表現するには、どのような会計方針を採用したら良いのか考えなくてはなりません。

とすると、なぜその会計方針を採用したのかということを、相手にしっかりと説明する能力が求められてきます。ステークホルダーに情報を開示し納得させることが必要になってくるのです。

④採用した会計方針を実務に落としていく実践力

採用した会計方針に従って、着実に会計処理を行なう実務遂行力が求められます。昨今の会計処理は複雑なものも多いですから、公認会計士協会の提示する実務指針等をしっかりと読み込んで、忠実に会計処理を行なっていく必要があるのです。

⑤決算書を全体から見渡せる俯瞰（ふかん）力

自分の担当する分野が、例えば「貸倒引当金」だったり「退職給付会計」だったり「税効果会計」だったり。いずれも奥の深い議論のある分野であるために、ややもすれば自分の担当箇所だけにとらわれがちになってしまいます。

そのようなときこそ、決算書全体を見渡して、不具合・不整合がないかどうかを検証する能力が必要になってきます。また経営者の視点で、いま会社がどのような状況にあるのか、また今後どのような方向へ向かっていくのかを考える力を養う必要がでてくるのです。

「木を見て森を見ず」とならぬよう、一歩引いて決算書を眺める癖をつけるようにしましょう。

コラム　それって偏見？

ある人（男性）がこんなことをいいました。
「女性は数字が苦手だ」

ん？女性は数字に弱い…!?
　そんなこと、ないでしょう。なぜって…。
例えば「キッコーマン　しぼりたて生醬油200ml の値段、あっちのスーパーでは238円だったけど、こっちのスーパーでは178円、これかなりお買い得、たぶん底値だよね」とか、「消費税8％になって、クリネックスのボックスティッシュ5 箱パック　298円で買えたのが300 円超えるようになって、なんだか損した気分」とか…。結構詳しいです、数字に。
　それはなぜ？醬油もティッシュも、自分の生活・家計に直結する身近なものだからなのです。

　つまり会計の得手不得手に男も女もありません。ましてや職階別のスキル研修のように年次や役職で区切ることのできるものでもないのです。取締役だから会計に強いわけでも、新入社員だから数字に弱いわけでもありません。「会計」や「数字」が苦手な人は苦手だし、好きな人は好き、できる人はできるし、できない人はできない。ただそれだけなのです。
　確かに「会計」とか「決算書」とかいうと、「私、数字苦手なんですよね」という人が多いのも事実です。だったら決算書を身近に感じることができれば、きっと親しみがわくはず。そういう思いで日々の講義を構成しています。

　「会計」を身近に感じてもらい、親しみをもってもらう。そして必要なことだけをきっちり押さえて、「会計」を嫌いでもいいから「使えるように」なる。

　この本を通じて、皆さんが「会計」という世界を少しでも身近に感じて興味をもっていただけたら、これほど幸せなことはありません。

第4節
数字のウラに人が見えるか

　例えば会社の売上を分析するときに、皆さんはどういう情報が欲しいと感じるでしょう？
　①まず総額として5年分ぐらいの推移を見たい。いわゆる分析的手続です。
　②その推移を同業他社とも比較したい。
　③売上が増えたり減ったりしていたら、その原因も知りたいですね。会社の外部要因なのか、内部要因なのか。
　④そもそも、この会社の売上はどういう分野（部門、地域など）の合計額なのだろう・・・などなど。
　おそらくさまざまな情報を知りたくなると思います。①や②のようにまず総額で傾向（趨勢）を掴んで比較をしますが、どういう数字が組み合わさっているのかも知りたいですから、④のように分解してみたくなりますね。この④でいう分野（部門、地域など）ごとに細分化した情報を「セグメント情報」といいます。セグメント情報は、例えば商品別、部門別、市場別など、必要に応じて分解している情報のことです。
　通常は売上もセグメントごとに管理します。責任の所在を明らかにすると言ってもいいですし、管理上の便宜と言ってもいいでしょう。

　例えば自分の所属する営業課で「今期の予算を達成するにはあと売上が2000万足りない」とか、「前年同月比の売上に比べて90％の達成率だ。もっと頑張らなくてはいけない」とか。よくありますよね、こういう会話。
　でもよく考えてみてください。
　　課の予算とは何？前年同月とは何？なぜそういう比較をしているの？
　　そもそもなぜ今年は売上が伸びていないの？

それって…。
ウチの商品やサービスをお客さんが欲しいと思ってくれていない？
お客さんが本当に望んでいるものは、何だろう？

　数字の向こう側には人がいるのです。先の会話は一見セグメント情報を分析しているように見えますが、実は細分化された数字とにらめっこしているだけ、数字を数字としか見ていません。
　そもそもその細分化の仕方が時代にマッチしていますか？
　お客さんの想いを分析できるような細分化の仕方ですか？
　数字の算出の仕方や数字の意味を考えずして、売上を伸ばすことなどできないのです。売上を伸ばすチャンスを見出すには、数字のウラにいる人をイメージしなくてはいけないのです。

　そもそも売上はなぜ上がるのでしょう？それは、その人が欲しいと思って買ってくれたからなのです。人間には行動特性があって、その行動特性が数字に現れてくるといっても過言ではありません。人間の想いや感情、性格、ニーズ、これらをすべて包含した行動特性が売上やもうけ（利益）という数字につながってくるのです。どうして欲しいと思ってくれたのか、もしくは思ってもらえなかったのか、数字と関連付けて人間の行動特性を分析する必要があるのです。

　ですから数字を数字として見るだけではなく、その背後にある人間の行動を透かしてみようとする感覚がとても大切だと感じています。数字のウラに人の気配を感じ取り、その人たちの想いやニーズ、行動の表れとして決算書の数字が紡がれてくる、そんなセンスを持っていただけたらと思います。

> **あなたには、数字の向こう側に人が見えますか？**

あとがき

「なぜ会計士になったの？」とよく聞かれます。

それは父が弁護士だったから。

最初は弁護士になろうと思ったけど、入学したのが法学部でなくて経済学部だったから、あれれ、弁護士になれない。だったら会計士か税理士かな？って。

決して数字に強かったわけでも、会計が好きだったわけでもありません。そもそも大学に簿記の授業も原価計算の授業もありませんでしたから、会計士が何をする仕事かも知りませんでした。そういう意味では会計士の仕事にあこがれて会計士になったわけでは…ない。

「なぜ東大に入ったの？」

これもよく聞かれます。これも父が東大だったから。それだけの理由です。そうです、私は父が大好きだったのですね。

そんな私が会計を見る目は少し変わっていると思います。数字のうらにある生身の人間の世界を見ているのです。

経済学には「限界効用逓減の法則」という有名な法則があります。効用（いいなと思う気持ち）は，消費する財の数量の増加につれて減少するという法則。つまり最初はわくわくするけど、2度目3度目となるにつれ、だんだんわくわくしなくなるということ。なるほどこれは納得。

でもすぐ経済学の考え方につまづきました。経済学の想定する人間は「経済的合理性」をもって行動するのですね。与えられた制約下で、最適解を追い求めるのです。

入学してまもなく「ゲームの理論」を学び、たくさんの数式で表される経済

学の世界を知れば知るほど、「人間はそんなに合理的でないのにな」と感じるようになったのです。

　ですから経済学部経済学科を卒業した後、経済学部経営学科に学士入学しました。いまでいう「行動経済学」みたいな世界を学びたいと思って。少し違いましたけど。

　例えばバス旅行をしたとします。パンフレットには9900円と書いてある。でも実際はバスのなかで入園料として追加の500円を集めたとします。バスのなかでガイドさんが小銭を扱うのは大変だし、紛失のおそれだってあるわけだから、はじめから10400円とすればいいのに、と思って、ふと気付く。

　9900円と10400円では、随分と印象が違う。9900円だから申し込んだけど、これがパンフレットに10400円と書いてあったら申し込まない人がでてくるに違いない。

　またJRの早割り切符35％引きを予約しようとしたけど取れなくて10％引きの切符になってしまったとします。それでも正規料金より10％も安いのに、なんだか妙に高く感じてしまったり。そういうこと、よくありますよね。

　人間というものはアンカーになった数値にとらわれて感情が揺れ動くもの。そして、そんな人間たちが集まっているのが会社なのです。

　となると、会社の数字、つまり決算書の裏には、こういう経済的合理性からは程遠い、感情に揺れ動く人間たちがいるわけで。もっと数字の裏にある世界を活き活きと読まないと、決算書の本当の意味は読み取れないと思うのです。

　もうひとつ例をあげましょう。
　一世を風靡している"俺のイタリアン""俺のフレンチ"。このビジネスモデルがなかなか興味深い。

　本物を知っている一流のシェフたちが、作りたいものを、原価を気にせず良質な材料を使って作ります。これを坂井社長は「原価をじゃぶじゃぶ」と言っ

ています。ですから店によってメニューも違います。

　メニューによっては原価8割。看板メニューは赤字覚悟、原価率100％を超えるものもあるそうで、当然のことながら利益のでるメニューとでないメニューが出てきます。

　例えば看板の「オマール海老ロースト」は海老がまるまる一匹で1280円
　　　　「牛フォアグラトリュフミルフィーユ仕立て」は1180円

　客の回転率を上げることで、利益を確保するというビジネスモデルです。平均滞在時間は1.5時間といわれていますが、そもそも入る前に1時間とか並んでいると、お店に入ったときにはすでに疲れていて、もはや長居することはできません。だから回転率も自動的に上がります。店の外に並んでいればそれだけで広告宣伝費の節約にもなりますしね。

　チェーン店の居酒屋が同じメニュー、大量仕入れでコストダウンするのと対照的なビジネスモデルです。

　確かに急成長を遂げている、世間的には「良い会社」でしょう。その財務面を詳細に知ることはできませんが、日銭を確保しつつ積極的な投資を行なって、現時点の自己資本比率はそれほど高くはないかもしれませんが、店の回転率をあげることで利益を確保するというリズムがうまくとれているならば、それなりに利益も営業キャッシュ・フローもたたき出しているでしょう。

　でも私は気になるのです。
　確かに財務面では成長期の良い会社の特徴が現れているかもしれない。増収増益、営業キャッシュ・フローはプラス。でもその一方で、シェフたちはどのような顔をして働いているのかなって。現場の雰囲気はどうなのだろうと気になるのです。

　会計士が見ている内部統制だって仕組みでしかない。カリスマ経営者のもとでぐんぐん成長している会社に、ぴかぴかの仕組みがあるとは思わないし、そもそもカリスマ経営者に万一があったら、この会社のこれからがどうなるかは

誰にもわからない。そうすると内部統制上、リスクマネジメント上は、決して「良い会社」ではないのです。

　"俺の"シェフたちは、グランメゾンでゆったりと働いてきた人たちです。好きなものを自由に作れる身になったとはいえ、居酒屋のようなわさわさと慌しい空間で、大声を張り上げながらせわしなく働くことは幸せなのだろうか。

　決算書上の数字では「良い会社」であっても、将来成長を続けていくことのできる会社とは限らない。会社が潰れないことを「良い」とするならば、財務的な安全性を見ればいいけれど、それはあくまでも過去の数字であって、これからを表しているわけではない。会社のこれからを知るには、やっぱり現場をみなくてはいけない。定性情報と定量情報とを組み合わせてこそ、会社の本当の姿が見えてくるのです。

　だから時々店に足を運び、シェフたちが幸せそうに働いているか厨房を観察します。楽しそうに働いていれば、きっとこのままこの会社は成長していくだろうし、もし現場が疲れきった雰囲気であれば、今現れている数字がこのまま続くことはないだろうな、と思うのです。

　数字の裏には生きている人間がいる。
　そういう感覚をぜひ持っていただきたいと思っています。

　おまけですが…。
　回転率という点では"俺のやきとり"。
　新橋9丁目の店舗は、なんと500名入る大ホールなのですね。確かに焼き鳥は安いので、たくさんの人に消費してもらわないといけません。どんどん回転させて、ね。

　同じく、"俺の割烹"の黒板メニューは赤字覚悟の看板メニューです。例えば「牛すきやき」980円を消して499円とある。確かに安い。しかも、A4ランクの和牛らしい。

でも安すぎて心配、不安になるのは私が庶民だからでしょうか。このお肉大丈夫かな？安全？と思ってしまうのですね。安ければいいというものでもなく、値段をつけることは難しいなあと思う瞬間。
　ここでもおもしろいことに「アンカー効果」があって、ほうじ茶350円とかミネラルウォーター400円とかが高く見えます。
　そう、人間の感覚なんて、そんなものなのですね。
　本書の企画は当初の想定から大幅に変わっております。たくさんのステークホルダーが登場する中で調整をして下さった産業能率大学経営管理研究所　佐藤義博さん、ほか多くの皆さんのご協力をいただきこの本が世に生み出されました。
　末筆ではございますが、この場を借りて御礼申し上げたいと思います。どうもありがとうございました。

　最後になりましたが…。

　いつも好きなことばかりしている私を温かく見守ってくれて、ふたりの息子たちを大切に育ててくれている私の母。本当にどうもありがとう。息子たちにとっては、ばあばがママです。
　そして何か失敗しても「仕方ないよね、俺らのお母さんだから」と、自由奔放でいたらぬ母親を笑いながら許してくれる最愛の息子たちに、この本を捧げます。あなたたちの笑顔に支えられて、いまの私がある。これからもきっと、ずっと。どうもありがとう。

2014年8月吉日　父の13回忌を迎えて

索引

■ あ行 ■

売上原価	55・72
売上債権	37
売上総利益	55
売上高	55
営業活動によるキャッシュ・フロー	80
営業利益	56
営業利益率	56
エンロン事件	169
オーバーオールテスト	155
汚職	173・180

■ か行 ■

会計期間	4・13・20
会社更生法	146・148
会社法	22
回転期間分析	155
貸倒引当金	37
過失	172
課税所得	20
株価	112
株価収益率	116
株価純資産倍率	118
株式会社	11
株主	14
株主資本	40
監査	166
間接有限責任	15
管理会計	42
機会	151・178
機会の認識	177
企業の社会的責任	17
期別比較	30・140
キャッシュ・フロー	72
業界内部の競争相手	215
競争の戦略	214
競争優位	214
金融商品取引法	22
経営資源	10
経営指標	30
経営者ディスカッション	159
経営者不正	173
傾向	30
経常利益	55
継続企業の公準	13
決算短信	91
減価償却費	61・81
公正価値	69
公認会計士	7・166
公認不正検査士	166
合理性テスト	155
ゴーイングコンサーン	13・20
顧客(買い手)の交渉力	215
心	199
コストリーダーシップ戦略	214
固定	38

242

あとがき

固定資産	37		ステークホルダー	4
固定費	53		ストーリー	216
固定負債	39		性悪説	200
誤謬	172		正常営業循環基準	38
コンプライアンス	168		正当化	179
			税法	22

■ さ行 ■

			セグメント情報	233
財務安全性	50		全社的な観点	157
財務会計	42		前年同月	221
財務活動によるキャッシュ・フロー	80		損益計算書	52
財務健全性	28			
財務諸表不正	174・180		■ た行 ■	
サプライヤーの交渉力	215		代替品の脅威	215
差別化戦略	214		貸借対照表	24
仕掛品	47		退蔵益	102
事業年度	13・21		棚卸資産	37
資金運用	26		他人資本	34
資金調達	26		中核事業	215
仕組み	199		定性情報	123・156・224
自己資本	34		定量情報	224
自己資本比率	27・28・43		動機・プレッシャー	151・177
資産	33		当期純利益	55
資産の不正流用	174・180		同業他社と比較する	30
姿勢・正当化	152・177		同業他社比較	140
資本金	40		統合情報	118
資本剰余金	40		当座比率	43
社員	14		投資活動によるキャッシュ・フロー	80
写像	34		統制活動	158
集中戦略	214		統制環境	157
純資産	33		特別損益	62
情報と伝達	158		ドナルド・R・クレッシー	151・177
新規参入の脅威	215		トレードオフ	214・215
趨勢	30			

243

■ な行 ■

内部統制　　　160・185
内部統制レビュー　　　157
内部留保　　　64

■ は行 ■

バイアス下の意思決定　　　117
配当　　　64
配当性向　　　64
販売費及び一般管理費　　　61
非財務情報　　　123
ヒストリー　　　216
費用対効果　　　220
負債　　　33
不正　　　150・165・170
不正調査　　　166
不正のトライアングル　　　151・177・197
不正リスクマネジメント　　　174・175・185・186・196
不文律　　　168
ブラック企業　　　162
粉飾決算　　　83
分析的手続　　　154
返済の義務　　　34
変動費　　　53
ポイント引当金　　　106
法令遵守　　　168

■ ま行 ■

マイケル・E・ポーター　　　214
無形固定資産　　　37・38
もとで　　　12
モニタリング　　　159

■ や行 ■

有限責任　　　12
有文律　　　168
余剰金の配当　　　21

■ ら・わ行 ■

利益剰余金　　　40・140
利益の蓄積　　　34
利害関係者　　　4
リスクの評価と対応　　　158
流動　　　38
流動資産　　　36
流動比率　　　43
流動負債　　　38
留保　　　34
ワン・イヤー・ルール　　　38

■ 英数字 ■

Asset　　　33
CSR　　　17
EPS　　　112
Equity　　　33
IFRS　　　66
ITへの対応　　　159
J‐SOX　　　170
Liability　　　33
PBR　　　118
PER　　　112・116
Zスコア　　　137
1年以内　　　37
1年基準　　　38
1年を越えて　　　37
5つの競争力要因　　　214

■ 著者紹介 ■

赤松 育子（あかまつ いくこ）

学校法人産業能率大学 総合研究所 経営管理研究所
財務＆コミュニケーション研究センター 主任研究員
公認会計士、公認不正検査士
東京大学経済学部経済学科及び経営学科卒業
監査法人勤務を経て、産業能率大学に入職
日本公認会計士協会 企業支援特別委員会委員 学校法人特別委員会委員
神奈川県立障害福祉関係施設指定管理者外部評価委員会委員
現在は、会計、不正リスクマネジメント、コンプライアンス、内部統制領域を中心に、社会人および学生向けに講義・講演を行っている
著書『企業不祥事に負けない！不正リスクマネジメント』（産業能率大学出版部）

決算書でわかる"伸びる会社"と"あぶない会社"の見分け方

〈検印廃止〉

著　者	赤松　育子
発行者	飯島　聡也
発行所	産業能率大学出版部
	東京都世田谷区等々力6-39-15　〒158-8630
	（電　話）03（6432）2536
	（FAX）03（6432）2537
	（URL）http://www.sannopub.co.jp/
	（振替口座）00100-2-112912

2014年 9月30日　初版1刷発行
2017年12月20日　　　2刷発行

印刷所・製本所　渡辺印刷

（落丁・乱丁はお取り替えいたします）　　　ISBN 978-4-382-05709-8
無断転載禁止